전북 익산 미륵사(彌勒寺)의 반격

전북 익산 미륵사(彌勒寺)의 반격

저　자 | 남충우
발행자 | 오혜정
펴낸곳 | 글나무
　　　　(03311) 서울시 은평구 진관2로 12, 912호(메이플카운티2차)
전　화 | 02)2272-6006
등　록 | 1988년 9월 9일(제301-1988-095)

2022년 8월 25일 초판 인쇄 · 발행

ISBN 979-11-87716-67-9 03330

값 15,000원

전북 익산 미륵사(彌勒寺)의 반격

남충우 지음

글을 시작하면서

미륵사 復元으로 전북 익산의 反擊은 시작된다

필자는 2021년 7월에 출간한 『지방도시 익산의 반격』(글나무)을 작업하며 과연 '익산을 살리는 킬러(Killer)가 무엇인가?' 수없이 고민해보았다. 중견기업이던 쌍방울이 1997년 외환위기에 무너지고 난 후 익산은 20년간 쇠락의 길을 걸었다. 도시를 대표하는 뚜렷한 기업 하나 없이 버텨온 셈이다. '익산' 하면 떠오르는 귀금속·보석산업은 안타깝게도 희망 고문의 상징이 되고 말았다. 그런 와중에 (주)하림이란 기업은 전북 익산에게 내려준 신(神)의 선물과도 같은 것이었다. 만약 (주)하림조차 없었다면 익산은 진즉 부도가 났을 것이다. 그리고 이제, 또 다른 신(神)의 선물을 찾아야 한다.

익산의 이웃인 전주의 '한옥마을'은 성공의 표본이다. 전북을 찾는 여행객들이 빠짐없이 찾는 유일한 명소(名所)가 되었다. 천만다행한 일이다. 하지만 여행객들의 발걸음을 붙잡을 다른 명소가 전북에 존재하는가? 물론 없다. 그래도 희망이 있는 곳은 미륵사지(彌勒寺址)이다. 그래서 미륵사 탑의 복원을 기대하게 되었다. 복원하는 동안 20년이라는 세월을 참아왔다.

오랜 시간 더디게 진행된 만큼 복원만 해내면 엄청난 파급 효과가 있을 것으로 막연히 기대를 모았다. 하지만 결과는 시원치 않다. 왜 그럴까? 답은 현장에 가보면 안다. 무려 6만 평에 달하는 미륵사지에 탑만 덩그러니 서 있으니 허허벌판에 여행객들이 찾아올 이유가 없다. 요행히 한번 왔다고 해도 다시는 발걸음을 하지 않는다.

이번에 청와대가 개방되어 방문해 보았다. 역대 대통령이 있었던 역사적인 장소라는 의미에 한국 '최고의 정원(庭園)'이 기다리고 있었다. 대통령 본관과 관저는 일별하는 것으로 끝이지만 의자에 앉아서 정원 분위기를 즐기는 것은 영원한 것이다. 아마도 서울 내에서 중장년 커플들이 분위기 있게 데이트를 할 수 있는 최적의 장소가 아닐까 하는 생각이 들 정도로 놀라운 풍광이었다. 바로 그것이다. 역사적인 유적이 있다고 해서 다시 가고 싶은 장소가 될 수는 없다. 전주 '한옥(韓屋)마을'은 한옥이라는 한국적인 테마에 전주의 먹거리라는 양념을 곁들였기 때문에 빛을 낼 수 있는 것이다.

미륵사 탑의 복원은 하나의 시작일 뿐이지 끝이 아니다. 가야 할 길이 멀다. 하늘이 내려 준 미륵사 탑을 중심으로 우선 2개의 연못 주위에 한국 '최고의 백제(百濟) 정원'이 복원되어야 하고 사찰 주위 1.7㎞에 산책로(예: 메타쉐콰이아길)가 조성되어야 한다. 덧붙여 미륵사지 앞 도로 양측으로 각각 2㎞를 '미륵사로(彌勒寺路)'로 명명하고 이 도로변에 화실(畵室 아틀리에), 목공소, 기념품점, 독립서점, 펜션, 제과점, 커피숍, 음식점 등이 들어서야 한다. 만약 이렇게 될 수 있다면 전주의 한옥마을을 뛰어넘는 명소(名所)가 될 것이다. 이런 명소를 만들 수 있다면 전북 익산은 자연스레 '살고 싶은 지방도시'가 될 것이고 더불어 고질적인 인구 유출도 막을 수 있을 것이다.

미륵사 복원사업은 결코 전북 익산만을 살리는 것이 아니다. 소멸되어 가는 위기의 지방을 살리는 길이다. 최근에 윤석열 대통령이 대선(大選) 운동기간 중에 황룡사와 미륵사 복원을 공약하였다. 이 기회를 결코 놓쳐서는 안 된다. 사찰 건축에 관한 기록이 거의 존재하지 않아서 복원에는 많은 논란이 있을 것이고, 소요 예산이 1조 원 이상 소요되므로 미륵사 전체를 실물 복원하는 데는 근본적인 한계가 있기도 하다. 그래서 현재 3D 복원이라는 차선책이 거론되고 있다. 그렇다면 미륵사 사찰 자체의 복원은 우선 디지털(3D)로 하되 실물 복원은 그 후 10년 이상 장구한 세월에 걸쳐서 추진하고, 차선책으로 윤석열 정부 5년간 미륵사지를 한국 최고의 '백제정원'으로 복원(조성)하는 것을 건의하고자 한다. 5년 내에 1,000억 원(추정) 예산으로 윤 대통령 임기 내에 완공하자는 것이다. 2개 연못 주변에 정원을 조성하고 미륵사지 둘레 1.7㎞에 산책로를 설치하자는 것이다. 그리고 미륵사지 앞 도로변에 마을 거리를 조성하면 어떨까? 무언가 그림이 나오지 않는가?

그동안 수많은 정책들이 쏟아졌지만 전북, 익산의 인구 유출을 막지 못하고 있다. 이제 발상의 전환이 절실하다. 역사와 뿌리가 있는 사업을 추진해야 효과를 거둘 수 있다. 익산에는 백제 무왕이 세운 익산 미륵사(彌勒寺)라는 천년의 역사와 뿌리가 있다. 미륵사는 전북, 익산의 심장(心臟)이고 영혼(靈魂)이다. 이를 토대로 무언가를 디자인(숲 庭園 化) 해야 국민들의 흥미를 끌 수 있고 사랑받을 수 있다. 미륵사 복원 운동에 동참하여 줄 것을 간곡히 호소드린다.

이 글을 통하여 필자의 손주들 P, E, A, I가 지방을 사랑하는 지방 창조자(Local Creater)로 성장하고 나아가서는 세계적인 리더가 되기를 간절히 기원한다. 우리 후손들에게 역사에 길이 남는 미륵사를 세워 주신 백제 무왕에게 이 글을 정중히 바친다. 이 글을 쓰는데 협조해주신 친지 모든 분들에게 감사드린다.

2022. 08.

저자 남 충 우

| Contents |

글을 시작하면서 / 4

Q1

미륵사 이야기의 시작, 동탑과 서탑의 복원(復元)

복원 후 십자포화 맞은 미륵사 동탑(東塔) / 15

불구의 몸 80년, 서탑(西塔)보다 더한 비극이 있을까? / 18

Q2

복원된 미륵사 탑은 전북 익산의 '구세주'인가

복원된 미륵사 탑의 굴욕(屈辱) / 28

'국립익산박물관'으로도 많이 부족하다 / 30

왜 방문객들은 미륵사지를 찾지 않는가? / 34

Q3

미륵사 복원을 완성하는 법

근복적 질문, 미륵사가 복원될 때까지 익산은 남아 있을까 / 52

미륵사를 국민, 세계인에게 돌려주자 / 64

미륵사 숲 정원 복원을 위해 넘어야 하는 3개의 고비 / 97

글을 마치면서 / 110

Q1
미륵사 이야기의 시작,
동탑과 서탑의 복원

미륵사 서탑, 동탑(익산시 제공)

백제 시대 최대 규모 사찰인 미륵사의 목탑지 기단 축조 방식이 확인됐다. 서원 석탑보다 중원 목탑 조성이 먼저 이뤄졌을 것이란 분석 결과(추정)도 나왔다. 문화재청 국립문화재연구원 국립부여문화재연구소는 전북 익산시 금마면 미륵사 목탑지 보완 발굴 조사 결과를 15일 발표했다. 연구소는 앞서 목탑지 내외부를 중심으로 평면 조사와 탐색 조사를 진행했다. 연구소는 '지면을 정지한 다음 기단 최하부에 깬 돌과 흙을 쌓아 배수를 원활히 하고 기단 기초부를 단단히 다져 올렸다'고 했다. 기초부 상부의 외부는 5~6단, 내부는 2단 석축을 다진 흙과 함께 쌓아 올렸다고 한다.

연구소는 미륵사 중원의 목탑이 서원의 석탑(2018년 6월 복원 공개)보다 먼저 만들어졌을 것이라고 추정했다. '서원 석탑은 대지 조성층을 파고 기초부가 마련된 반면에 중원 목탑의 기초 터파기와 성토는 대지 조성 이전에 이루어졌다. 사역 중심인 목탑지를 중심으로 공간 배치가 이루어진 것으로 추

익산 미륵사 복원 모형도(국립익산박물관)

　전북 익산 미륵사(彌勒寺)의 반격

정된다'고 했다. 연구소는 목탑의 평면 규모를 추정할 수 있는 상하층 기단부에서 굴광(堀壙) 흔적도 찾았다. 북쪽 기단 일부가 후대에 개축되었을 가능성도 확인했다. 익산 미륵사지는 3개의 탑과 3개의 금당, 3개의 문이 회랑으로 구획된 3원 병렬식의 가람 배치를 적용했다. 2015년 7월 유네스코 세계 문화유산에 등재됐다. 연구소는 지난 3월부터 보완 발굴 조사를 진행하고 있다. 정부는 1974년 동탑 조사부터 시작했다. 1994년까지 3차 15개년에 걸친 조사를 했다. 2009년 석탑 기단부 발굴 조사 때 백제 시대 최대 규모 사찰로 결론 냈다.*

미륵사는 백제 무왕(재위 600~641)이 세운 절로 금당과 탑이 각각 세 개씩 있는 3탑(塔) 3금당(金堂) 형태였다고 한다. 거대한 목탑을 중심으로 좌우에 석탑이 선 형태이다. 하지만 임진왜란을 겪으면서 사찰이 허물어지고 목탑과 동탑을 비롯한 모든 조형물이 소실되면서 서쪽 뜰에 6층만 살아남은 석탑이 덩그러니 남았다. 1915년 일본인 학자가 무너져 내리기 직전의 서탑의 상황을 확인하고 이를 보호하기 위하여 당시로서는 가장 좋은 자재인 콘크리트를 덧칠하여 붕괴를 방지하였다. 그리고 70여 년이 흐른 1990년대에 들어, 미륵사 동탑을 복원하게 되었다. 6층만 남은 서탑과의 비례 관계를 바탕으로 컴퓨터 계산으로 추정하여 높이 24미터의 9층 석탑을 복원한 것이었다. 공사 진행 속도가 빨라 1991년에 시작하여 1992년에 마쳤다. 아무리 기술이 발전했다고 해도 그렇지, 백제 시대의 9층 규모의 석탑

---

* 김종목 기자,《경향신문》, 2022. 06. 15.

미륵사지 연못에서 본 미륵사 서탑, 동탑(문화재청 홈피)

을 복원하는 데 불과 1년이 걸렸다는 것은 도저히 납득할 수 없는 대목이
다. 이것은 정치적인 이유에서 찾을 수 있는데, 노태우 정부 시절 호남 민
심을 달랜다는 이유로 기술적 고려 없이 서두르는 바람에 역사상 최악의
복원으로 남은 것이다. 하긴 이런 최악의 복원도 100년, 200년이 흐르면
하나의 역사(?)일지도 모르는 일이지만 말이다.

복원 후 십자포화(十字砲火) 맞은 미륵사 동탑(東塔)

동탑 복원 당시에 완전한 모습을 알 길 없는 백제탑을 별다른 근거도 없이 복원한다는 것에 대한 비판이 적지 않았다. 무엇보다 동탑을 기계로 깎아 복원한다는 결정에, 적어도 문화재 전문가 사이에서는 찬성하는 사람이 없었다. 복원 비용은 당초 60억 원 남짓으로 추정됐지만, 실제로는 23억 원이 책정되었고 최종적으로 29억 원이 들어갔다고 한다. 미륵사 터의 분위기는 문화재 복원의 현장이라기보다는 석재 가공공장을 연상시켰다. 돌을 자르고 다듬는 것이 모두 기계의 몫인지라 소음도 어지간했다고 한다.

당초 복원 소요 예산에서 무려 31억 원을 절감한 것은 석공의 손을 기계로 대체했기에 가능한 것이었다. 공사 기간을 무리하게 단축하다 보니 동탑에서 사람의 '손맛'이 사라졌다. 복원된 동탑을 두고 유홍준 전 문화재청장은 '20세기 한국 문화재 복원에서 최악의 사례'라면서 '폭파시켜 버리면 좋겠다는 사람이 있을 정도'라고 논하기도 했다. 사실 필자 같은 비전문가 입장에서는 폭파라도 해야 한다는 생각까지는 못 하지만 서탑에 비해 어색한 점은 있는 것이 사실이다. 미륵사 석탑이 몇 층이었는지도 확실히 모르는 상태에서 거의 창조하다시피 졸속으로 복원했다는 혹평이 지배적이었

미륵사 동탑(익산시 제공)

다. 하지만 아이러니하게도 그런 동탑의 존재 덕분에 관람객들이 서탑과 비교하면서 관람하는 기회를 제공하고 있기도 하다. 동탑도 하나의 역사라고 억지로 위로해 본다면, 보다 구체적으로 미륵사와 백제의 역사를 상상할 수 있게 된다는 옹호론도 제기되었다. 문화재 전문가들이 야단치겠지만 실제로 미륵사 연못에서 바라본 서탑과 동탑의 전경은 쌍둥이 탑으로 그림이 멋있게 보이는 것을 어쩌랴. 국민의 눈높이도 생각해줄 수 없을까.

불구의 몸 80년,
서탑보다 더한 비극이 있을까?

각종 기록처럼 미륵사지 석탑은 백제 무왕 때인 639년 지어진 후 1,300여 년의 세월을 견디면서 제 모습을 상당 부분 잃었다. 지금까지 확인된 가장 오래된 모습은 1910년 12월 일본인 조사단이 촬영한 사진이다. 당시에도 이미 동탑은 자취를 잃었고, 서탑은 6층까지만 남은 채 금방이라도 무너져 내릴 듯한 모습이었다. 일제는 1915년 콘크리트 185t을 투입해 붕괴된 석탑의 벽면을 응급 보수했다. 하지만 80여 년의 시간이 흐르면서 콘크리트로 뒤엉킨 석탑은 흉물이 돼버렸다. 결국 1999년 문화재위원회는 전격적으로 석탑의 해체 후 보수 정비를 결정했다.

문제는 석탑의 원형을 어떻게 설정할지였다. 창건 당시 미륵사지 석탑의 모습을 알려주는 문헌이나 그림 등 기록이 남아 있지 않았기 때문이다. 학계 일부에서는 1993년 복원된 미륵사지 동탑처럼 9층으로 쌓아야 한다는 의견도 제시됐다. 그러나 동탑은 20세기 한국 문화재 복원 역사상 최악의 사례로 꼽힐 만큼 실패작이라는 평가가 지배적이다. 동탑의 원형을 추정할 기록이 없으니 서탑의 형상을 본떠 만들었고, 기계로 석재를 가공해 문화재가 주는 특유의 색감도 살리질 못했다. 유홍준 전 문화재청장이 '다이너마이트로 폭

미륵사 서탑(익산시 제공)

파시켜 버리면 좋겠다는 사람도 있다'고 말할 정도였다. 결국 2011년 문화재

청은 국제학술대회와 문화재위원회 심의 등을 거쳐 '익산 미륵사지 보수 정

비 기본원칙'을 세운다. 총 4가지로 △추론에 의한 복원을 지양하고 남아 있

던 6층까지만 보수해 진정성을 확보한다 △원형을 보존하기 위해 훼손된 부

재(部材·탑의 재료)는 과학적 방법으로 보강해 최대한 재사용한다 △전통

기법만으로 원형 유지가 어려운 경우에는 최소한으로 현대적 기술을 적용한

다 △조사, 연구, 시공 등 모든 과정을 상세하게 기록한다는 것이다.*

미륵사 석탑의 복원 역사를 살펴보자면 생기는 미스터리가 하나둘이 아니다. 우선 왜 서탑보다 동탑을 먼저 복원하였는지가 의아하다. 동탑은 잔해조차도 사라져서 발굴 작업이 수월하니 먼저 발굴이 시작되었다는 것까지는 이해가 간다고 치자. 하지만 발굴 후 동탑을 서탑보다 먼저 복원하기로 결정한 것은 이해가 가지 않는다. 그나마 6층까지 탑이 남아 있는 서탑을 먼저 해체해 복원하고 그 후 이 노하우를 바탕으로 동탑 복원 여부를 판단하는 것이 순서였을 것이다. 만약 이런 순서로 진행하였으면 동탑 복원의 후유증도 최소화하였을 것이다. 순서가 역전된 것도 역사라면 역사라고 해야 하나?

더 궁금한 것이 있다. 6층까지 살아 있는 서탑을 이토록 장기간 방치했다는 사실이다. 정치적인 복선이 의심 간다. 미륵사 탑이 영남 지방에 있었다고 해도 그랬을까? 김대중 호남 정부가 출범하고서야 1999년에 서탑의 해체, 복원이 결정되었다. 이는 해방 후 54년 만에 이루어진 일이다. 그 와중에 영남권, 특히 경주 문화재에 대한 과잉투자가 진행되어 원형이 변질되어 왜색 논란까지 있었다. 그와 비교한다면 호남 문화재에 대한 투자는 초라하기 그지없다. 이런 정치적 상황에서 미륵사지의 방치, 미륵사 탑의 외면이라는 비극을 가져왔다. 적어도 40년 이상이 방치되었다. 필자가 태어나고 자라고 수십 년을 시멘트가 범벅이 된 서탑을 보면서 지내왔다.

* 유원모 기자,《동아일보》, 2019. 05. 17.

미륵사 서탑 복원 전후 모습(문화재청)

차마 이럴 수는 없다는 심정이었다. 아무리 비전문가의 시각이라 해도 서탑의 복원은 그리 어려워 보이지 않았다. 사람으로 비유하면 다리를 저는데 수술하면 걸을 수 있었다는 느낌이라고 할까. 자기 자식이라면 그렇게 방치했을까? 그러는 사이 미륵사지의 문화재들은 점점 더 소실되어 복원하는데 어려움이 가중되었다.

　미륵사 서탑이 1999년 해체, 복원이 결정되고도 20년이 지나 2019년에 준공되었으니 이 역시 전북 도민, 익산 시민에게는 엄청난 희망 고문(希望 拷問)이 되었다. 20년간 가림막에 갇혀 있는 미륵사 서탑을 보면서 많은 사람들이 감옥에 구금되어 있는 자식을 연상하기도 했을 것이다. 이제 필자 나이 70이 되어서야 지팡이 없이 걷는 자식을 보았으니 그 부모 격인 도민, 시민들의 심정은 복잡하기 이루 말할 수 없을 것이다. '그래 부모를 잘못 만나서 이런 고생을 하는구나.' 과연 이 사업이 10년 이상 소요될 일이었는지 지극히 의문이 간다. '문화재 보존은 졸속으로 해서는 안 된다'는 명분하에 중앙정부의 예산 확보가 지지부진한 결과라고 본다. 200여억 원을 20년간 지원하였으니 1년에 겨우 10억 원을 투입한 셈이다. 그토록 역사적으로 위대하다고 요란 떨면서 미륵사 탑에 투입한 예산치고 너무 찌질하지 않은가? 이러한 지지부진하고 지루한 기다림 속에 미륵사는 국민들과 멀어져갔고 잊혀진 탑, 사찰(寺刹)이 되었다. 탑 복원하는 데 해방 후 70년 이상 소요되었다.

한편 그 시간 동안 전북 익산시의 인구는 속절없이 유출되었다. 2018년에 심리적 마지노선인 30만 명도 무너졌다. 미륵사 서탑이 2019년에야 완공이 되었으니 전북 도민, 익산 시민들은 체념 속에 세월을 보내다 빈손으로 떠난 셈이다. 그래도 복원이 완성이 되었다니 축하할 일이라고 해야 할까? 그러니 이제 남은 것은 '미륵사(寺)와 미륵사지(寺址)'는 제대로 신속하게 복원해보자고 힘을 모아 외쳐보는 것이다. 지나온 세월이 원통해서라도 서둘러야 한다.

[미륵사 서탑 복원 일지(日誌)]

639년   백제 무왕이 건립

922년   "견훤이 미륵사 탑의 개탑(開塔)을 계기로 선운사 선불장에 참석
하여 설법할 때 하늘에서 꽃이 내렸다"는 기록이 있음(고려시
대 초 惠居國師 碑文)

1281년   삼국유사에 미륵사 창건 기록(창건 주체: 백제 무왕, 선화공주)

1756년   영조 32년 익산읍지 금마지에 기록(높이 10丈, 동방에서 가장
높은 석탑/벼락 친 곳 서쪽 반은 퇴락, 더 이상 붕괴되지 않았다)

1913년   세키노 다다시[關野貞]와 다니이 세이치[谷井濟一]에 의해 탑
의 촬영과 실측 조사 실시

익산 미륵사 서탑출토 '金製舍利奉迎記와 金銅製舍利外壺'(2009.01월 익산시 제공)

익산 미륵사 서탑출토 '금제사리봉영기'(국립익산박물관 홈피)

1915년 시멘트 모르타르로 보수

1999년 해체 후 복원키로 결정(문화재위원회)

2001년 해체 개시

2009년 해체 수리 중 사리봉영기(舍利奉迎記) 발견(창건 년도, 창건 주체 등)

2019년 복원 준공

기록을 통해 본 미륵사의 변천(變遷)

시기	미륵사 변화	出典
600 ~ 641년(武王代)	미륵사 창건	『三國遺事』
639년(己亥年)	미륵사 서원 석탑 조성	『舍利奉迎記』
661년(太宗武烈王8)	신라의 백제 금마군 점령	『三國史記』
719년(聖德王18)	지진(벼락)에 의한 피해	『三國史記』
922년(龍德二年夏)	미륵사의 개탑 -사찰의 변화 추정	『惠居國師碑文』
1390년(2년)	권근이 유배되어 미륵사에 거처함	『陽村集』
1407년(太宗7年)	미륵사의 사세 유지 -資福寺로서 中神宗으로 통합	『朝鮮王朝實錄』
1571년	미륵사지 석탑만 남음	『陽谷集』
16c경	미륵사의 폐사 7층석탑-100년 전 벼락	『臥遊錄』(17c)
1654년 서원 건립 1673년 서원 重修 1712년 서원 賜額 1871년 서원 헐림	미륵사의 폐사 -華山書院 건설	『沙溪全書』 『明齋遺稿』 『大東地志』 『廣興圖』 해제

㈜ 미륵사복원정비 연구자료, 국립문화재 연구소 건축문화재연구실, 2018년

미륵사 서탑(익산시 제공)

Q2
복원된 미륵사 탑(塔)은
익산의 '구세주'인가

복원된 미륵사 서탑의
굴욕(屈辱)

익산 어메이징 로고는 백제, 마한의 위대한 역사문화도시, 대한민국 식품
산업의 메카이자 아시아 식품수도로 거듭날 놀라운 도시 익산을 의미한다.
익산은 백제 무왕의 천도지인 왕궁리 유적과 국보 제289호 왕궁리 5층 석탑
이 있으며, 또한 국보 제11호 미륵사지를 비롯하여 국보급 유물 505점이 출
토된 역사 문화적으로 대단히 우수한 도시이며, 2008년 국가식품클러스터
사업지로 확정되어 향후 한국형 푸드밸리이자 세계 최대의 식품산업 전진기
지로 거듭날 도시이며, 브랜드 슬로건 디자인에 국보 제11호 미륵사지를 사
용함으로써 웅장함과 위대함을 돋보이고자 표현했다.*

---

* 익산 시청 홈페이지

익산시의 심볼 마크는 단연 미륵사 서탑  이다. 이 마크는 수십 년간 변함없이 사용 되고 있는데 이는 서탑이 익산시의 심장이 고 영혼이라는 사실을 상징적으로 보여주는 것이다. 그런데 놀라운 것은 시멘트가 범벅이 된 탑 모양 그대로 심볼 마크로 사용해온 것이다. 아무리 소중해도 그렇지, 흉물스러운 모습을 있는 그대로 보여주는 게 괜찮은 일 인가? 어쨌거나 익산시는 해방 후 미륵사 탑에 모든 것을 걸고 정신적인 신주(神主) 모시듯 매달려 왔다.

익산 시내에 무왕로를 개설하고 매년 서동(薯童)축제를 개최하면서 백제 무왕에 매달리고 기대했다. 미륵사지를 하루가 멀다 하고 파헤치자 그곳에 서 문화재가 무수히 발굴되었다. 익산이 백제의 수도였다는 학술적 입구까 지 왔다. 물론 이를 학계에서는 애써 외면하고 있지만 말이다. 어찌되었건 70년간 학수고대하던 미륵사 서탑이 드디어 복원된 후 받은 성적표는 예상 과는 다른 결과를 보여주고 있다. 국립익산박물관의 일일 방문객은 무료 인데도 평일 하루 3~4백 명 수준이고 주말에는 1천 명 정도인 것으로 나타 났다. 그러면 1년에 10만 명 조금 넘는 수치이다. 한마디로 미륵사 서탑의 굴욕(屈辱)이다. 전국적인 관광명소라면 1년에 백만 명이 넘어야 한다고 본 다. 그래야 주변에도 상권이 형성되고 인근 마을도 자급자족이 된다. 이런 방문객으로 무엇을 기대한다는 것은 무리다. 별도의 돌파구(突破口)가 요구 된다.

'국립익산박물관'으로도
많이 부족하다

  미륵사 탑의 복원은 관광불모지 익산의 '시발점'이 되어야 한다. 미륵사 탑은 경주의 석가탑이나 다보탑에 비견되는 역사적 가치를 가지고 있지만 이 탑 하나만 가지고 불국사와 석굴암을 가진 경주처럼 수도권 국민의 시선을 끌기는 역부족이다. 반드시 플러스 알파(+α)가 필요하며 이를 충족하지 못한다면 다시 잊혀진 탑이 되고 말 것이다. 이런 상황에서 국립익산박물관(iksan.museum.go.kr)이 설립된 것은 천군만마를 얻은 게 아닌가 하는 생각이 든다.

  국립익산박물관은 전북 익산시 미륵사지 3만 9,695㎡ 부지에 400억 원을 들여 지상 1층, 지하 2층 규모로 건립되었다. 2015년 착공해 2020년 1월 준공, 개관되었다. 박물관은 3개 전시실과 수장시설, 문화공간, 관리시설 등을 갖추고 있다. 전시실에서는 사비기(泗沘期)부터 근대까지 출토된 3천여 점의 유물이 전시되어 있다. 전국 4대 고도(古都) 중 익산에만 없던 국립박물관이 개관된 이후로 관람객이 증가하고 백제 문화에 대한 국민의 관심이 높아가고 있다. 국립기관(國立機關)의 설립은 국가 예산과 인력이 매년 확보·보장되는 것이기에 거의 '하늘에서 별 따기' 수준이라고 할 수 있는

익산국립박물관 전경(익산시 제공)

데 이를 이뤄 낸 것은 대단한 성과다.

2020년 1월 문을 연 국립익산박물관은 세계 문화유산인 미륵사지 터가 가진 본연의 아름다움을 해치지 않기 위해 '보이지 않는 박물관'을 그 컨셉으로 삼았다. 그래서 건축물의 높이가 낮지만 동시에 전시에 필요한 충분

국립익산박물관

한 층고는 확보되어야 했기 때문에 결과적으로 지하 2층, 지상 1층의 낮고
평평한 디자인의 국립익산박물관이 탄생했다. 박물관 내부의 전시를 보고
난 후에는 지붕 전망대에 오를 수 있다. 박물관 지붕에 올라 미륵사지 터를
바라보며 과거의 영화로운 미륵사지의 모습을 상상해 보는 과정을 통해 관
람자에게 역사의 시간을 발굴하는 경험을 제공하려는 건축가의 의도가 담
겨 있다고 한다.

그런 의도가 일견 맞는 말일지 모르지만, 이곳을 방문한 필자는 지하에 위치한 박물관을 보자 그 의미에 동의할 수 없는 입장이 되고 말았다. 그렇지 않아도 미륵사지(20만㎡)의 황량함이 가득한 광활한 터에 박물관마저 숨어 있으니 볼거리가 없어도 너무 없다는 인상이다. 오히려 박물관만이라도 백제 건축 양식을 제대로 보여주는 지상(地上) 건축물이 들어섰다면 훨씬 좋은 효과를 보였을 거라 생각된다. 미륵사 사찰 자체 실물 복원에도 참고가 되었을 것이다. 유독 문화재 보존을 위한다는 명분을 내세워서 미륵사 탑 복원을 해방 후 수십 년간 방치했는데 그 와중에 20만㎡이나 되는 미륵사지 터 중 단 3만㎡의 대지를 할애한 박물관을 건축하면서 경관을 보존한다며 '보이지 않는 박물관'을 목표로 한 것은 설득력이 약하다고 본다. 관람객들이 박물관 앞에서 기념 촬영할 기회마저 뺏어버린 기분이다.

왜 방문객들은
미륵사지를 찾지 않는가?

　현재까지 한국의 산사(山寺) 7곳이 유네스코 세계 문화유산으로 등재됐다. 천년 세월을 버티면서도 자연과 어우러져 사람의 마음을 편안하게 해주는 산사의 가치를 세계적으로 인정받은 것이다. '한국' 하면 떠오르는 강렬한 이미지가 없던 상황에서 '산사의 나라'로 자리매김할 수 있는 계기가 마련된 것이다. 미술사학자이며 문화재청장을 지낸 유홍준 명지대 석좌교수가 CBS〈김현정의 뉴스쇼〉에 출연하여 "일본의 교토는 '사찰의 도시'이고 중국의 소주(苏州)는 '정원의 도시'가 되어 있듯이 우리나라의 경우에는 '산사의 나라'라고 하는 'Image of Korea'를 정립하는 데 더없이 좋은 계기가 될 것"이라고 말한 것처럼 관광을 넘어 국가 브랜딩이라고 하는 측면에서도 큰 자산을 확보한 것이다. 유홍준 교수는 우리나라의 세계적인 문화유산은 불국사나 다보탑이라기보다 산속의 '산사'라고 평하기도 하였다.

　우리나라의 산사는 유럽의 성당 또는 일본의 절과는 달리, 산속 깊은 곳에 있으면서도 주변 경관이 매우 수려하다는 이점을 가지고 있다. 절간 곳곳의 아름다운 건축과 조형물들이 자연과 교감하며 빚어내는 조화는 언어의 그릇에 차마 담을 수 없을 정도다. 외국인들이 한국에 오면 구례 화엄

세계 문화유산 순천 선암사, 승선교(순천시청 홈피)

사, 합천 해인사, 순천 선암사, 보은 법주사, 공주 마곡사 등을 반드시 들러 볼 수 있도록 이들을 관광명소로 개발해야 한다. 물론 원형을 철저히 보존하면서 말이다.

고요한 새벽을 깨우는 목탁 소리와 산사 스님의 불경 외는 소리⋯ 그 소리가 계곡에 은은히 퍼지면 아침이 시작된다. 또 저녁이면 불당의 자욱한 향내음 가운데 바람결에 울리는 풍경 소리가 마음의 안식을 준다. 이런 신

익산 숭림사 진입로

비로운 체험을 할 수 있는 특별한 곳이 바로 대한민국의 산사가 아닌가? 대한민국 전 국토의 70퍼센트는 산이고 불교 사찰은 대부분 산속에 자리 잡고 있다. 자연과의 조화를 최고의 행복으로 여겼던 우리 선조들에게 자연과 인간이 가장 잘 어울릴 수 있는 최적의 장소, 대한민국 최고의 장소였던 것이다.

산사의 매력으로는 그 역사, 종교, 산수, 위치 등 다양한 요소가 거론되고 있다. 그 외에도 다음과 같은 관점에서 매력이 배가된다. 고즈넉한 사찰을 찾을 때 우리는 마음이 편안해지는 걸 경험한다. 이런 이유로는 여러 가지 요소가 있겠지만 그중 하나는 사찰로 들어가는 고요하고 때 묻지 않은 '숲길'이 아닐까 싶다. 고속도로, 고속전철에서 부대끼다 지친 여행객의 마음과 영혼을 한없이 달래 준다. 우리나라에는 역사가 천년이 넘는 고찰이 많다. 전쟁과 화재로 천년이 된 사찰 건물은 없지만, 사찰로 들어가는 진입로 중에는 사찰의 역사를 고스란히 간직한 아름다운 길이 많다. 산사의 가치를 말하는 출발점은 그 진입로(進入路)다.

필자가 수많은 유럽의 성당을 다녀봤지만 우리나라 전통 산사의 찻집 같은 분위기를 느껴본 적이 없다. 산사 찻집은 산사를 찾는 이들에게 잠시 휴식을 취할 수 있고 산사를 음미할 수 있는 시간을 제공하는 공간으로 발전하고 있다. 그래서인지 산사를 찾은 불자나 관광객에게 무료로 차를 서비스하는 곳도 있을 뿐만 아니라 다도(茶道)를 비롯한 도예, 불화, 시 등 불교적인 문화 프로그램을 개설한 곳도 늘어나고 있다. 진녹색 수풀로 뒤덮인 산사의 다실에서 차를 마시며 대화를 나누는 것은 생각만 해도 '넉넉함'과 '여유'가 어울린 풍경이 아닐 수 없다. 필자는 고향에 내려가면 이름이 알

익산 심곡사 구달나 찻집

려지지 않은 절의 무료 찻집을 가끔 찾는다. 그리고 그 분위기를 즐기고 나올 때는 감사의 뜻으로 일정 금액을 놓고 온다. 이런 한적한 곳에 멋지고 여유로운 찻집을 운영하는 스님의 정성이 참으로 아름답게 느껴지기 때문이다.

이것은 흡사 백제 무왕의 저주(咀呪)가 아닌가?

이처럼 산사에는 나무와 물, 연못이 있고 고즈넉한 진입로가 기다린다. 입구에는 어김없이 전통찻집이 있어 쉴 곳을 제공한다. 사찰이 크지 않더라도 이러한 분위기는 우리에게 항상 찾고 싶은 생각이 들게 한다. 작은 것이 아름다운 경우는 허다하다. 자, 그런데 6만 평의 미륵사지에는 무엇이 있나? 사찰도, 부처님도, 스님도, 나무도, 흐르는 물도, 진입로도 없다. 그저 탑과 연못이 있을 뿐이다. 아무리 세계적인 탑을 보유하고 있더라도 그것 하나로 만족하라고 강요할 수는 없는 일이다. 물론 받아들여지지도 않겠지만.

필자만 봐도 그렇다. 매달 고향 집인 훈정재(薰亭齋)에 내려가면 점심식사를 하러 미륵사지 근처에 있는 미륵산 순두붓집을 꼭 찾는다. 우리나라에서 수많은 순두붓집을 들러보았지만 이 집이 단연 최고다. 이보다 맛있는 순두부 백반을 먹어 본 적이 없다. 이 순두붓집은 자꾸 가고 싶고 생각이 난다. 이곳을 미륵사로(路) (가칭)백제 서동/선화마을의 제1호 명소(名所)로 정하고 싶다. 명소는 그 지역을 살릴 수도 죽일 수도 있다. 그런데 순두붓집 바로 옆에 있는 미륵사지는 가지 않는다. 가봤자 황량할 뿐 쉴만한 곳이

익산 미륵산 순두붓집

없기 때문이다. 그저 유적지이고 박물관일 뿐이다. 탑과 연못이 있다고 해
도 전혀 분위기가 없다. 미륵사지는 더 이상 가고 싶지 않다.

　필자의 두 아들, 두 며느리, 손주들은 1년에 두 번 성묘를 위하여 4대
조, 조부모, 부모님께서 잠들어 있는 미륵산을 다녀온다. 그 산소에서 미
륵사는 단 5분 거리이다. 하지만 누구도 미륵사를 가보자고 하지 않는다.
손주들은 그저 근처에 귀여운 동물들을 관찰할 수 있는 액션하우스(blog.
naver.com/actionhouse)에만 관심이 있을 뿐이다. 미륵사에는 아무것도
없으니 나 역시 뭐라 강요할 수도 없다. 손주들에게 백제 무왕의 역사를 설
명하고 싶은 필자는 답답하기만 하다. 누구에라도 호소하고 싶다. 손주들
하고 신나게 미륵사지를 감상하며 걷고 싶다고 말이다. 2022년 여름방학
이 되어서 할아버지 고향집, 훈정재에 내려온 손주들이 자동차를 타고 미
륵사지 외곽도로에서 미륵사 탑을 보았다. 손주들에게 편하게 보게 하기

위해서는 달리 방법이 없었다. 이런 난센스가 없다.

이런 상황이 반복될 때마다 미륵사지 안에 갇혀 있는 미륵사 탑을 생각한다. 한국 최고의 탑을 외면하다니, 후손으로서 백제 무왕에게 죄를 짓는 것 같다. 이것은 비단 필자만의 심정일까? 이런 가슴의 응어리를 조금이나마 삭이기 위하여 필자는 이 글을 쓰고 있는지 모른다. 미륵사지에 사람이 찾아들어야 주변 상점들도 활기를 얻고, 미륵사지가 한국 최고의 정원(庭園)이 되어야 사람들이 여기에 둥지를 틀고 그 정원과 산책로를 즐기면서 주변 마을에 집을 짓고 살고자 할 것이다. 그렇지 않다면 누가 무슨 이유로 그곳에 터를 마련하려 할까? 미륵사지는 연간 백만 명이 몰려올 수 있는 한국 최고의 명소 자격이 넘치는데도 후손들을 잘못 만나서 이런 대접을 받고 있다. 필자는 이런 미륵사지가 외면받고 기피되는 현상을 감히 '백제 무왕의 저주(詛呪)'라고 말한다. 미륵사지를 그 오랜 시간 제대로 복원하지 못하는 것에 대한 백제 무왕의 분노가 표출된 것이 아닌가 말이다.

백제 수도 익산, 꿈에서 깨어나야

무왕은 31명의 백제왕들 가운데 가장 미스터리한 인물이다. 김부식은 『삼국사기』에 무왕이 선왕인 법왕의 아들이라고 기록했지만, 무왕을 '강화도령' 철종처럼 초야에 묻혀 살던 방계 왕족으로 보는 학자가 많다. 특히 『삼국유사』에는 그에 관한 흥미로운 기록이 실려 있다. 그는 과부 어머니와 연못의 용 사이에서 태어나 어릴 때 마를 캐며 살았고, 지략을 발휘해 신라 진평왕의 딸 선화공주와 결혼하였으며, 후에 인심을 얻어 백제의 왕이 되었다는 스토리다. 그는 600년부터 641년까지 장기간 왕위에 있었지만 사비도성 일원에서 그의 흔적을 찾기가 쉽지 않다. 오히려 익산에 그와 관련한 전승과 유적이 남아 있고 일부 문헌에는 그가 익산으로 도읍을 옮겼다는 기록이 실려 있다. 게다가 근래까지 그러한 기록을 뒷받침해주는 발굴 성과가 조금씩 쌓여 어느새 무왕의 익산 천도설이 힘을 받는 모양새다. 무왕은 과연 익산으로 도읍을 옮겼을까.*

왕궁리 유적은 전북 익산시 왕궁면에 위치한다. 왕궁리 유적은 백제 말기 익산 경영과정 정치, 경제, 문화의 중심지인 왕궁으로 사비(부여)와 함께 복도(複都)로 이해하고 있다. 백제 왕궁은 용화산에서 발원한 능선 끝자락의 낮은 구릉 위에 조성되었다. 1989년부터 전면적인 발굴 조사를 통해 확인된 내용에 의하면 백제 말기 왕궁으로 조성되어 일정 기간 시용된 후 왕궁의 중요 건물을 철거하고 탑과 금당, 강당 등 사찰이 들어선 복합유적이다.

왕궁리 유적의 왕궁은 백제 왕궁으로서는 처음으로 왕궁의 외곽 담장과 내부 구조가 확인되어 체계적이고 계획적으로 조성된 백제 왕궁의 구조를 확인할 수 있는 유일한 유적이다. 왕궁의 외곽에는 폭 3m의 담장을 동서 245m, 남북 490m인 장방형으로 두르고 있다. 왕궁의 남측 절반은 국가의 중요 의례나 의식을 행하던 건물, 왕이 정사를 돌보던 건물, 왕과 왕의 가족의 생활을 위한 건물들이 4개의 동서석축을 쌓아 구분·배치하였다. 북

---

* 이한상 대전대 역사문화학전공 교수, 《동아일보》 오피니언, 2022. 06. 28.

왕궁리 유적 전경 및 오층석탑(백제 왕궁박물관 홈피)

측 절반은 왕의 휴식을 위한 공간인 정원과 후원, 왕궁의 서북 측에는 백제 시대 가장 귀중품인 금과 유리를 생산하던 공방지(工房地)가 위치하고 있다. 이와 같이 왕궁의 남측에 의례나 의식, 정무, 생활을 위한 공간을 배치하고, 북쪽에 후원을 배치하는 것은 고대 중국이나 일본 왕궁에서도 확인되고 있어서 당시 고대 동아시아 국가에 문화교류 사실을 확인할 수 있다. 왕궁으로 일정 기간 사용한 후 사찰로 바뀌어 통일신라 후기까지 유지되었으며, 사역(寺域) 동남 측 일부에서는 고려시대의 유적이 확인되고 있다.

3개 왕조의 수도(首都)라고 외치면 무슨 소용이 있나

한국 역사에서 최고의 도읍지는 어디일까. 무려 3개 왕조가 명멸한 왕도가 있다. 신라 천년 사직의 경주도 아니고, 백제의 애환이 서린 부여도 아니고, 조선이 숨 쉰 서울도 아니다. 역사와 신화가 혼재된 익산이다. 금강과 만경강을 젖줄기 삼아 넉넉한 호남평야를 품고, 노령산맥을 배경 삼은 익산은 선사시대부터 역사의 중심이었다. 마한을 호령한 맹주국인 목지국의 중심인 이곳은 고조선의 고도이고, 백제의 수도이고, 고구려의 꿈이 서린 (소)고구려의 도읍지다. 우리나라에서 유일한 3개 왕국의 수도이다. 이에 따라 문화재청은 2012년 3월에 익산을 경주 부여 공주와 함께 고도보존지구로 선정했다. 앞으로 10여 년간 이 도시들은 문화유적 복원과 보존이 체계적으로 이루어진다.

천년 도읍지인 경주, 백제인의 고향 부여를 뛰어넘는 익산에는 어떤 역사가 있을까. 한국사 최고인 2000년 왕도, 3개 왕조의 스토리가 숨 쉰 익산을 알아본다. 고조선의 마지막 도읍지 고조선의 준왕은 BC 194년에 위만에게 왕검성을 빼앗긴다. 나라를 잃은 준왕은 배를 타고 남하, 익산에 고조선 왕국을 다시 세웠다. 준왕은 나라의 방어를 위해 해발 430m의 미륵산에 1800m에 이르는 견고한 돌로 된 성을 쌓았다. 돌화살촉, 포석환 등이 발굴된 미륵산성의 규모는 신증동국여지승람에는 둘레 3,900척이고 높이 8척으로 기록

돼 있다. 2011년에는 익산 인근인 완주 신풍 유적지에서 준왕에 관련된 것으로 추정되는 기원전 2세기 무렵의 유물이 발굴되기도 했다. 제사의식에 사용되는 방울인 청동 간두령 2점을 비롯해 세형동검과 철제 도끼, 토기 등 초기 철기시대 유물 20여 점이 출토된 것이다. 준왕의 고조선은 훗날 백제에 병합된다.

'백제 무광왕이 지모밀지로 천도했다.' 일본에서 발견된 중국 육조시대의 관세음응험기에 기록된 내용이다. 정관 13년(639, 무왕 40년) 기록에 백제가 익산으로 천도한 사실을 전하고 있다. 대한민국에서 유일하게 왕궁이라는 지명이 남아 있는 익산에는 왕국의 수도 유적과 유물이 다양하다. 이곳에서 발굴되는 기와의 수부(首府) 표기는 왕궁 외에서는 사용할 수 없다. 미륵하생신앙을 바탕으로 강력한 백제를 꿈꾸었던 무왕은 산성과 왕궁을 짓고, 왕실 사찰인 제석사지를 세우고, 국찰인 미륵사를 건립했다. 왕궁은 기가 모아지는 말굽 형태의 지세에 자리한 기획도시다. 4단 석축으로 조성한 남북 490m, 동서 240m 규모의 장방형으로 현재 40여 개의 건물터 등이 발굴됐다.

고구려의 꿈을 꾸다 삼국을 통일한 신라 문무왕은 고구려와 백제의 부흥운동에 힘겨워했다. 그래서 고구려 유민으로 백제 세력을 견제하는 안을 생각했다. 670년에 고구려의 왕족인 안승을 백제의 마지막 수도인 익산의 금마에 정착시킨 뒤 고구려왕에 봉했다. 이때 고구려국에 합류한 세력은 안승이 이끈 4천여 호, 연개소문의 동생인 연정토를 따르는 763호 3,543인, 한성 유역의 투항민, 검모잠의 부흥군, 평양 인근의 주민, 전쟁포로 7천여 명 등 수만 명에 이르렀다. 고구려국을 선포한 안승은 일본에 사신을 파견하는 등 독자

외교로 잃어버린 왕국의 재건을 도모했다. 고구려가 14년 동안 일본에 9차례의 사신 파견 등 나라의 기틀을 다져가자 위협을 느낀 신라는 안승을 경주로 불러들였다. 이에 안승의 사촌인 대문이 중심이 돼 신라와 일전을 겨뤘으나 패배했다. 백제 땅에 세워진 고구려는 684년 무왕이 어린 시절 마와 금을 캤던 오금산성(익산토성)의 함락과 함께 짧은 15년의 생을 마감했다.

익산은 유적지형 고도이다. 부여나 공주가 박물관형 고도인 데 비해, 백제 유일의 궁터가 있는 익산은 유적지형 고도인 셈이다. 왕궁 터에서는 다양한 금제, 유리공예품과 함께 공동화장실 터도 발굴됐다. 길이 10.8m, 깊이 3m의 대형 화장실은 현대와 비슷한 첨단 배수시설까지 갖춰져 있다. 왕국의 곳곳에는 신화가 여전히 계속된다. 서동과 선화공주의 러브스토리, 미륵사지 석탑에 숨은 백제의 꿈, 무왕이 하늘에서 타고 내려온 천마의 말발굽을 바탕으로 조성한 궁성 정원, 옥룡천을 사이에 두고 나란히 선 남녀 인석의 애틋한 만남, 선녀가 베를 짜던 미륵산 선녀바위, 미륵사지 못의 신라 장수와 백제 왕녀의 슬픈 사랑가 등 다양하다.**

익산 사람들은 익산이 3개 왕조(王朝)의 수도였다고 말한다. 그런데 이에 대해 아무도 관심이 없다. 전북 익산이 고향인 필자도 무슨 설화 같은 넋두리냐고 생각한다. 그 역사를 부정하는 것이 아니라 미륵사지 하나 제대로 만들어 놓지 못하고 이것저것 늘어놓으니 짜증이 나는 것이다. 국민들 누구나 공감하는 미륵사에 대해 무언가 강렬한 임팩트를 국민들에게 보여 주

** 이상주(언론인, 『조선 명문가 독서교육법』 저자),《CNB저널》266호, 문화경제, 2012.03.19.

어야 민심(民心)이 움직일 것이다. 그 많은 좋은 역사들을 보유하고도 어느 것 하나 국민들에게 어필하는데 익산은 성공하지 못했다. 가보지 않고는 못 배기는 역사문화명소를 창조하지 못했던 것이다. 막연히 미륵사 탑만 복원하면 만사형통하겠지라고 안이하게 생각해왔고 지금도 한 발자국 앞으로 나가지 못하고 있다. 이제 전북 익산은 국민들 모두의 사랑을 받기 위해 막연한 환상에서 깨어나야 한다.

백제도성(都城)과 익산

논문 저자: 최완규 교수

[국문(國文) 요약]

『三國史記』에 B.C. 18년 한강 유역에서 건국하여 금강 유역의 熊津(公州), 泗沘 (扶餘)로 천도한 것으로 기록되어 있는 백제는 한반도 서남부에서 서해로 흐르는 한강과 금강을 북쪽에 두고 자연지리적인 유리한 조건을 최대한 이용하여 도성을 축성하고 있으며, 시기에 따라 각각 다른 王都文化를 지역에 남기고 있으며, 都城 의 構造나 왕실의 묘제에서도 다른 특징을 보이고 있다.

특히 계획적으로 조성된 사비도성의 경우는 앞선 한성이나 웅진시기와 다른 도 성형태를 갖추게 되는데, 바로 외곽성인 나성 축조가 그것이다. 또한 궁궐의 배후 성으로서 유사시 피난성 성격을 가진 부소산성이 주목되는데, 아마 궁궐의 호위 를 담당하기도 하지만 나성 전체를 관할하면서 순찰이나 성곽 보수 등의 중심지 역할을 했을 것으로 판단된다.

이러한 예는 익산(가칭) 도성에서도 잘 나타난다. 도성 주변에 산성을 외곽성으 로 배치하고 자연 하천인 옥룡천과 부상천을 내성과 같은 역할로 이용하고, 그 중 심에 백제도성 최초로 궁성을 축조하고 있다. 이러한 도성 배치는 앞선 세 지역의 도성에 비해 완전한 도성 형태를 갖추고 있다. 또한 궁성을 중심으로 내성에서 도 로유구가 발견되고 있어 궁성으로 중심으로 조성된 도시의 형태를 추정할 수 있 다. 특히 종묘 성격의 제석사나 제사유적인 신동리 유적의 예를 보면 周禮 考工記 의 '左廟右社'의 도성배치를 충실히 따르고 있음도 확인된다.

또한 익산은 고대 도성의 구성 요소인 彌勒寺, 雙陵, 城郭 등 고고유적들이 양

호한 상태로 남아 있을 뿐 아니라, 백제 말기 천도 사실을 뒷받침하는 문헌기록도 남아 있어서 익산 역시 백제 왕도였음이 증명된다. 천도와 관련하여 논쟁이 있지만, 도성 구조에서는 어느 지역보다 완벽한 방어체계와 백제도성 최초로 궁성이 건설된 점에서 백제도성의 완전성을 살필 수 있다. 백제는 왕성 중심의 도성체계에서 점차 변천을 거쳐 익산도성에 이르러 외곽성과 내성, 그리고 궁성을 모두 갖춘 완전한 도성체계를 갖춘 것으로 보인다.

주제어 : 백제, 익산, 한성, 웅진, 사비, 금강, 익산도성, 제석사지, 미륵사, 도성체계

논문투고일 2019년 10월 30일
심사완료일 2019년 12월 10일
게재확정일 2019년 12월 15일

* 본 논문은 2019년 원광대학교 마한·백제문화연구소의 〈고도 익산의 정체성 확립을 위한 학술회의〉에서 발표한 내용을 수정·보완한 것임. (馬韓·百濟文化 제34집, 2019)

Q3

미륵사 복원을
완성하는 법(法)

근원적 질문, 미륵사가 복원될 때까지 익산은 남아 있을까?

백제문화단지가 '백제역사재현단지'란 이름으로 본격화된 것도 이때부터다. 사실 건립 계획이 최초로 수립된 것은 김영삼 정부 때다. '백제문화권 종합개발계획'이란 이름 아래 총 1조 5,000억 원을 투입하는 대규모 사업이었다. 막대한 토지 보상 기대에 충남 공주와 부여 사이에서 물밑 경쟁이 벌어졌다. 한때 충청도 제1고을이자 충남도청 소재지였던 공주에서는 박정희 정부 때 최대 발굴사업인 '무령왕릉'과의 연계를 내세워 백제문화단지 공주 유치를 추진했다. 반면 군(郡)에 불과한 부여군은 백제 패망 직전 마지막 도읍이었다는 점을 들어서 부여 유치를 추진했다. 결국 최종 낙점된 곳은 당시 민자당의 한 축인 공화계를 이끈 김종필 전 총리의 고향인 부여. 하지만 YS와의 갈등 끝에 JP가 1995년 자유민주연합(자민련)을 창당해 독립한 뒤로 사업은 탄력을 받지 못했다. 그러다 1997년 대선에서 JP가 DJ와 손을 잡고 공동정권을 출범하자 사정이 달라졌다. 1998년 IMF 외환위기로 사업비가 줄었다지만 수익성도 불투명한 개발 계획이 본격화됐다. 우선 길이 765m로 금강을 가로질러 부여 읍내와 백제역사재현단지를 최단 거리로 연결하는 백마강교(橋)가 놓였다.

충남 부여군 백제문화단지 내 사비궁(泗沘宮)과 능사(陵寺)

1998년 4월에는 부여군 규암면에서 백제역사재현단지 기공식이 열렸고, DJP 연합정부의 한 축인 김종필 당시 국무총리서리가 이규성 재정경제부 장관, 김정길 행정자치부 장관, 신낙균 문화관광부 장관을 직접 대동하고 내려가 기공식을 주재했다. 정권 교체 후 첫 고향 나들이였다. 이 자리에서 김종필 당시 총리서리는 '오늘은 천년의 긴 잠에 빠져 있던 백제의 정신을 일깨우는 부활의 대역사를 시작하는 날'이라고 말했다. 그날 기공식 이후로 2010년까지 사비궁, 능사 등 백제 건축 양식을 재현했다는 건물이 하나둘 들어섰다.[*]

김대중 정부가 들어서며 장장 40~50년간의 논쟁에 마침표를 찍고 1999년 미륵사 서탑을 해체, 복원하기로 결단을 내렸다. 특기할 만하다. 다른

* 이동훈 기자,《주간조선》, 2017. 06. 09.

정부라면 또 질질 끌었을지 모른다. 하지만 그런 의지를 보인 김대중 정부조차 멀리 가지 못했다. 미륵사 사찰 복원을 문화관광부가 추진하고 있는 백제문화권 특정 지역 종합개발계획에 포함시켜 2002년 2억 6,000여만 원을 들여 용역(2000~2002 사단법인 한국건축학회)을 실시해 현 미륵사 터 발굴과 사찰 복원을 위한 기본계획안을 수립했다. 하지만 거기까지였다. 더 이상 진전을 보지 못하였다.

2008년 복원 연구 개시, 2038년까지 복원 추진, 백년하청(百年河淸)?

1999년 미륵사 서탑을 해체, 복원하기로 하고서 10년간 미륵사찰 자체의 복원은 미륵사 서탑에 가려 관심의 대상에서 멀어졌다. 누구보다 아쉬운 입장에 있는 익산시가 침묵을 깨고 국보 제11호 미륵사지 9층 석탑이 있는 국내 최대 사찰 미륵사 복원을 위한 연구가 개시했다. 전북 익산시는 2008년 2월 김봉건 국립문화재연구소장, 김용민 국립부여문화재연구소장, 최완규 마한백제문화연구소장 등과 '미륵사 복원 고증연구 협약' 체결식을 가졌다. 백제 무왕(600~641년) 때 창건된 국내 최대 사찰인 미륵사에는 목조탑의 양식을 이어받은 국내에서 제일 오래된 최대 규모인 미륵사지 9층 석탑(국보 제11호)이 있다. 당시 익산시는 국립문화재연구소에 11억여 원(국비 8억여 원)을 들여 2년간 미륵사 복원 고증연구와 미륵사 정비계획 등 종합적인 연구를 맡겼다. 특히 미륵사 복원을 위한 고증연구 로드맵 작성을 통해 복원사업의 타당성 확보와 심층적인 고증연구로 복원 및 정비에 대한 방향성 설정, 복원 추진을 위한 단계별 주요사업 내용 및 목표제시 등을 구체화한다는 계획이었다.

익산시는 미륵사 실물 복원사업이 '벽이 높다'는 현실과 타협하여 장기전(長期戰)을 준비하고 있다. 아래와 같이 국립 문화재연구원(www.nrich.go.kr)과 2038년까지 진행되는 복원 및 정비사업을 추진하고 있다. 하지만 정신 차리자. 미륵사 사찰(寺刹)이 수백 년 전 조선조(朝鮮朝)에서 없어졌듯, 익산시는 2038년 미륵사가 복원되기 전에 소멸(消滅)할 것이다. 그리고 지방도시의 소멸은 대한민국의 소멸로 이어질 것이다.

익산 미륵사 복원(復元)사업 추진현황

(자료: 국회 입법조사처 2017. 05. 23)

□ 복원사업 기간 및 내용

　(사업 기간) 2017~2038년(22개년)

　(사업 내용) 미륵사 복원 및 정비사업

□ 복원사업 예산

　미륵사 복원에 소요될 것으로 추정되는 총사업비 규모는 다음과 같음

　── '백제핵심유적 보존관리 기본계획'에 따라 추산된 총사업비임

　　(총사업비) 630억 원

　── 분야별 투입 예산: 토지 매입 107억 원, 고증연구 20억 원, 발굴조사 79억 원, 유적 정비 214억 원, 유적 복원 210억 원

□ 추진 현황

  △ 미륵사 복원 고증 연구 실시(로드맵 수립): 2008. 02~2010. 06

  — (사업 내용) 미륵사지 복원 정비를 위한 고증연구 로드맵 작성,
    고증 기초조사 및 정비계획 구상 등

  △ 사역 서편 외곽 배수로 정비공사 추진: 2011~2012년

  △ 미륵사지 복원 · 정비연구 연차별 추진: 2012~2016년

  — 미륵사 복원 고증 기초조사 연구 결과에 따른 기본계획 수립

  △ 미륵사 복원 정비연구(4차) 추진 중: 2017. 04~2018. 03

  — (사업내용) 미륵사지 탑 고증기본연구(1차, 서탑 원형과 목탑지
    분석연구, 고대 목탑 비교조사 연구), 중문 및 회랑 고증기본연
    구, 미륵사지 복원 · 정비 기본구상 보고서 발간 등

  △ 기단부 및 배수로 정비 추진: 2017. 01월~2018. 06

  — 금당, 강당, 승방, 회랑지 석조 기단부 훼손 방지를 위한 정비 설
    계(설계 이후 연차 추진)

□ 향후 계획

  △ 미륵사지 유구 보존을 위한 배수체계 · 기단부 정비: 2017. 06 ~
    2018. 06

  △ 미륵사지 복원 정비 기본 연구(계속): 2017~2020년

  △ 미륵사지 복원 정비 심화 연구: 2020~2030년

  △ 미륵사지 복원 설계 및 복원 추진: 2030~2038년

신라왕경(王京) 핵심 유적 복원 · 정비사업 〈개요〉

(출처: 국회 입법조사처 2017.05.23)

(사업 목표)　신라왕경 골격 복원을 통한 천년고도 경주의 정체성 회복 및 역사문
　　　　　　화 자원의 가치 증진과 적극적 활용 기반 구축

(사업 기간)　2014년~2025년(12개년)

(총 사업비)　9,450억 원(국비 6,615, 지방비 2,835)
　　　　　　— 2006~2013년　1,107억 원
　　　　　　— 2014~2016년　1,475억 원
　　　　　　— 2017년　　　　　452억 원
　　　　　　— 2018~2025년　6,416억 원

(사업 내용)　월성, 황룡사, 동궁과 월지, 월정교, 쪽샘지구, 대형고분, 신라 왕경
　　　　　　방, 첨성대 주변 등 8개 과제의 발굴 · 복원 · 정비

관련해 노무현 정부에서도 대선공약은 있었지만 별 진전이 없었다. 이명박, 박근혜 정부에서는 공약은 물론이고 임기 중 거론조차 되지 못했다. 또한 문재인 정부에서는 호남 지역의 다른 사업에 치이고 '가야사 복원'에 눌려서 관심을 두지 못했다.

문화재청이 윤석열 대통령 당선인의 공약에 따라 신라 황룡사, 백제 미륵사의 복원을 추진한다. 문화재청은 29일 대통령직인수위원회에 이같은 내용으로 업무보고했다. 인수위에 따르면 문화재청은 국보급 문화재인 경북 경주시 황룡사와 전북 익산시 미륵사의 복원 계획을 수립하게 된다. 두 곳은 삼

국시대를 대표하지만 소실된 호국사찰이다. 윤 당선인은 지난달 문화 공약을 발표하며 '전통문화유산을 미래의 문화자산으로 보존하고 가치를 높이겠다'며 두 사찰의 복원을 약속했다. 인수위 업무보고 이후 문화재청 측은 '고증 절차를 우선 거쳐 이 결과에 따라 실물, 혹은 3D 복원을 추진하게 된다'고 설명했다.**

윤석열정부 110대 국정과제(2022.05)

제20대 대통령직 인수위원회

62 전통문화유산을 미래 문화자산으로 보존 및 가치 제고 (문화재청)

□ 과제목표
○ 시대변화 · 미래가치 · 국제기준에 부합하는 미래지향적 국가유산 보호기반 조성
○ 현장 중심 · 수요자 중심의 문화유산 보존 · 활용으로 국민의 문화향유 증진 및 지역균형발전 제고

□ 주요내용
○ **(국가유산 체제 도입)** 60년간 유지된 문화재 체제를 국가유산 체제로 전환

** 김호정 기자, 《중앙일보》, 2022. 03. 29.

– 문화재 명칭 · 분류체계를 국제기준 등에 따라 개편(법 · 조직체계 정비)

  * 재화 개념 '문화재'⇒ 역사 · 정신을 아우르는 '국가유산' 변경,

  ▲ 문화유산 ▲ 자연유산 ▲ 무형유산으로 분류

 – 권역별, 포괄적 보호체계 도입으로 사각지대의 비지정 미래유산 보호기반 강화

O (청와대 개방 및 역사성 회복) 청와대 권역을 국민에게 개방하고 훼손된 경복궁 후원의 역사성을 회복하여 세계적인 역사문화공간으로 조성

 – 5.10부터 청와대 외부 전면 개방, 핵심유적 발굴 및 복원 · 정비('23~'26)

O (문화재 규제 개선) 문화재 주변 규제지역 주민 지원사업 방안 마련('23~), 발굴 조사비 진단비용 국가 지원 확대, 문화재 규제 일원화('지표조사'와 '현상변경 허가' 통합) 등 국민불편 해소

  * 전통사찰의 농지취득 관련제도 개선 추진

O (전통문화유산 보존 · 전승 강화) 전통문화유산 보수정비 지원 단계적 확대, 단절 위기에 처한 무형문화유산의 안정적 전승 기반 마련

  * 전승공동체 육성 및 전승취약 종목 맞춤형 지원 등

O (문화유산 디지털 대전환) 황룡사지 · 미륵사지 등 대표유산 디지털 복원, 팔만대장경 등 지정문화재 디지털 DB 구축으로 보존 · 활용기반 확대

□ 기대효과

O 국가유산 보존 · 활용 정책기능 대전환으로 국민 친화적 · 세계적 유산 가치 증진

  * 세계유산 등재 확대('22년 52건➡'27년 65건), 우리 유산 가치 전세계 확산으로 한류 기여

O 문화유산을 활용하여 지역경제 활성화를 견인하고, 지역의 문화유산 보존으로 연결되는 '보존–활용–가치 창출'의 선순환 체계 구축

최근 20대 대선(2022.03.09.)에서 보수정당이 대선을 치르려다 보니 급한 마음에 호남 배려 차원에서 미륵사 복원사업이 돌출된 것으로 보인다. 그러자 으레 쌍으로 등장하는 황룡사가 따라 나왔다. 두 사찰의 복원 문제

는 항상 따라다니니 문제 풀기기가 더욱 어렵다. 하나도 해결하기 어려운 데 두 사찰이 동시에 등장하니 결국 동반 침몰하는 것이다. 그래도 이번에는 희망을 걸 수 있을까? 아니나 다를까, 20대 대통령직 인수위가 문화재청과 사전 조정하여 일찌감치 손을 들고 디지털(3D) 복원으로 탈출구를 마련하고 있다. 어느 정도 예상은 했지만 너무 일찍 손을 들어 버렸다. 대선이 끝났으니 이제 절박하지 않은 것이다. 역시나 속 빈 공약(空約)이 되어버린 것일까?

미륵사, 디지털 복원이 답(答)인가?

황룡사역사문화관은 황룡사 중문과 남회랑 증강현실 체험프로그램을 이달부터 10월까지 본격 운영한다고 14일 밝혔다. 지난해 시범운영을 거친

황룡사 3D 복원 증강현실 현장체험

체험프로그램은 증강현실기술을 활용해 황룡사의 옛 모습을 재현해 냈다. 실제 복원된 것과 같은 입체감과 현장감이 살아 있어 체험자는 실제 황룡사를 둘러보는 것처럼 감상할 수 있다. 체험을 하려면 황룡사역사문화관 입구에 설치된 증강현실 체험라운지에서 신청하고 증강현실기기를 대여받으면 된다.

관람객은 해설사와 함께 황룡사지 내 관람 동선을 따라 이동하며 마커가 설치된 장소에서 앱을 실행시켜 옛 중문과 회랑의 모습을 체험할 수 있다. 체험 시간은 오전 10시~오후 6시까지로 평일에는 7회, 주말에는 10회 운영된다. 상세내용은 황룡사역사문화관(054-777-6862)에 문의하면 된다. 경주시 관계자는 '황룡사 9층 목탑과 중금당 등 AR콘텐츠를 꾸준히 개발해 관람객과 함께 살아 숨 쉬는 공간을 마련해 나가겠다'고 전했다.***

문화재는 실물 자체에 대한 의미도 중요하지만 그보다 문화재에 얽혀 있는 역사적 사실이 결부되었을 때 더더욱 빛을 발하게 된다. 황룡사나 미륵사 모두 한반도 역사 속에서 뛰어난 사찰이었다. 하지만 역사는 사찰을 짓기도 하고 허물기도 한다. 이 또한 역사이기에 제대로 된 검증이 불가능하다면 허물어진 것 역시 소중한 역사로 받아들이는 것이 문화재를 바라보는 옳은 시각이 아닐까 생각해 본다. 그래서 대안(代案)으로 등장한 것이 3D 디지털 복원이다. 황룡사 중문(中門)과 회랑(回廊)에 관한 3D 복원이 완료되어 증강현실(增强現實 AR) 체험 프로그램이 시연(試演)되고 있다. 미륵사도 현

***이명진 기자,《대경일보》, 2022. 04. 14.

재 중문(中門)에 관한 3D 복원 작업이 진행되어 2023년에는 시연될 것으로 보인다. 아다시피 AR(Augmented Reality)이란 사용자가 눈으로 보는 현실세계에 가상 물체를 겹쳐 보여주는 기술이다.

그래도 실물 복원을 포기할 수 없다

역사적으로 의미가 넘치더라도 아무도 찾아오지 않는 미륵사 터나 황룡사 터라면 무슨 의미가 있겠는가? 무조건 사람들에게 볼거리를 제공하여 많은 관광객을 유치해야 한다. 우리 시대에 재해석한 문화재의 복원이 미래에 다시 새로운 문화재가 될 수 있다. 문화재 복원과 관련된 이슈가 터졌을 때 '정치인이나 지역주민들'은 적극적인 관광자원 개발과 예산 확보를 통해 지역경제 활성화 효과를 기대한다. 반면 '고고학계, 역사학계'에서는 역사적 근거가 없는 문화재 복원에 난색을 표하며 졸속 복원으로 인해 문화재에 대한 잘못된 이미지가 형성된다는 것을 경계해야 한다고 주장한다. 그리고 여기에 '세계 문화유산으로 지정되었다'는 하나의 벽(壁)이 추가된다. 이제 유네스코 세계 문화센터의 위원들의 동의까지 이끌어 내야 하는가? 참으로 지난한 일이다.

이런 어려운 사업임에도 불구하고 문화재를 복원해야 한다는 주장이 통하는 이유는 현실적으로 복원된 문화재가 없으면 사람들이 찾지 않기 때문이다. '복원된 문화재가 있다'와 '터만 덩그러니 있다'를 비교할 때 사람들의 관심도는 확실히 달라진다. 황룡사나 미륵사의 실물 복원은 20~30년이 걸리는 장거리 마라톤 경기와 같은 사업이다. 국민들의 갈증을 일부라도

익산 미륵사지 전경(익산시 제공)

단계적으로 해소하는 방안으로 윤석열 정부 임기(2022. 05~2027. 04) 내에 1차적으로 중문과 그 연결 회랑을 우선 실물 복원하는 방법을 찾아 실행해보는 것은 어떨까 제안해 본다. 국립 문화재연구원(NRICH)에서 2022년 말까지 중문에 관한 기본 설계를 마칠 계획이고 이 설계로 실물 복원이 가능하다고 한다. 이것은 복원사업에 있어 하나의 돌파구가 될 것이다.

미륵사를
국민, 세계인에게 돌려주자

미륵사 탑 복원은 시작이고 플러스 알파(+α)가 필요하다

2015년 7월 유네스코는 공주·부여·익산 백제 역사유적지구를 유네스코 세계 문화유산으로 등재했다. 그동안 우리의 관심에서 사라지다시피 한 문화유산이 뜻밖에도 세계적으로 빛을 보게 되었다는 생각에 마치 내 일처럼 기뻤다. 독일 본에서 열린 제39차 유네스코 세계유산위원회(WHC)는 세계유산 등재 심사를 통해 이 백제 역사지구를 최종적으로 등재했다. 백제 관련 문화유산으로는 최초이고, 우리나라 전체로 봐서는 12번째에 해당한다. 참고로 등재된 지역을 살펴보면 공주 공산성·송산리고분군, 부여 관북리 유적 및 부소산성·능산리 고분군·정림사지·나성, 익산 왕궁리 유적·미륵사지 등 총 8개 유적지이다.

삼국통일 이후 백제부흥운동이 치열하게 일어났다. 하지만 그럴수록 백제의 흔적을 없애버리려는 집권부의 집착도 컸다. 대부분의 유적지가 철저하게 파괴되었다. 그런 상황에서도 후대들은 이를 찾아내 보존하려는 노력을 거듭했고 드디어 2019년 미륵사 탑이 복원되어 완공되었다. 필자 고향

미륵사지 야경(익산시 제공)

집인 훈정재(薫亭齋)을 찾는 사람들은 무조건 데려가 보여줄 만큼 큰 자랑이다. 현재까지 남아 있는 백제시대 석탑은 부여 정림사 오층석탑, 익산 미륵사 서탑, 그리고 익산 왕궁리 오층석탑뿐이다. 왕궁리 석탑의 경우, 백제석탑의 영향을 받은 고려시대 석탑으로 알려지다 최근에야 백제 석탑으로 바로잡아 공인받게 되었다. 이처럼 극소수 백제 석탑만이 남아 있다는 것은 의도적 역사 지우기의 결과다.

사비(泗沘), 곧 오늘날의 부여는 나당연합군에 점령된 이후 그 흔적을 찾

미륵사 서탑(익산시 제공)

기 어렵다. 그런데도 도성 중심에 정림사터 오층석탑이 제 모습을 유지하
며 남아 있으니 매우 이례적이다. 물론 이유가 있다. 잘 알려졌듯 이 탑에
는 당나라 장수 소정방의 이른바 '평제비문'(平濟碑文)이 새겨져 있다. 사실
상 백제 주민들에게는 '부흥을 꿈꾸지 말라'는 포고문이나 다름없다. 이
같은 정치적 메시지가 담겨 있지 않았다면 정림사 탑 역시 남아나질 못했
을 터이다. 역사는 흔적을 남긴다. 백제 역사유적지구의 유적과 건축물은
한·중·일을 비롯한 고대 동아시아 왕국들 사이에 어떤 기술적, 문화적
교류가 이루어졌는지를 살필 수 있는 로드맵이 된다. 동시에 백제라는 국
가가 이룩한 독특한 문화와 탁월한 종교·예술을 느낄 수 있는 소중한 유
산이다.

미륵사지와 왕궁리 유적을 간직한 '익산 역사유적지구'는 고향 집으로부터 단 4km 떨어진 곳으로 차로 10분이면 도착하는 곳이다. 그래서 고향 집을 방문하는 친지들에게 꼭 보여주는 필수코스다. 백제가 찬란한 문화를 꽃피웠던 7세기 초반, 제30대 무왕시대 왕도의 중심이 되는 곳으로, 당시 궁성과 국가 사찰, 왕릉, 산성 등 고대 수도가 갖추어야 할 요건을 전체적으로 보여주고 있다. 미륵사지는 국내외 학계, 고대 예술 전문가들이 공인하는 우리나라 불교 건축문화의 대표작이다. 미륵신앙을 그대로 나타내는 3탑 3금당의 독특한 가람구조가 특징인데 이것은 중국과 일본에서도 전례가 없다고 한다. 백제 석공들은 신라까지 진출해 그 기량을 뽐낼 정도로 뛰어난 기술과 예술적 감각을 지녔었다. 바로 그런 그들의 미적 감각을 감상하는 데 가장 중요한 유적이 미륵사지 석탑이다. 한마디로 목탑의 축조방식을 따르면서 재질은 석탑으로 발전시켜 만든 것이다.

여행을 하다보면 '유네스코 문화유산'이란 타이틀을 가진 옛 도시나 건축물을 어렵지 않게 만나게 된다. 오래된 도시가 수천 년, 수백 년의 세월을 건너왔는데도 생생하게 남아 있는 모습에 감탄을 금할 수 없다. 돌길, 담장 하나도 허투루 방치하지 않고 보물처럼 소중히 보존하고 있다. 그리고 그런 노력이 세계 각지에서 방문객을 끌어오게 만든다. 고향 집 옆에 당당히 세계 문화유산으로 등재된 백제 역사유적지구 역시 마찬가지다. 하루빨리 한국은 물론 세계의 방문객들이 와서 보고 감탄할 수 있는 명소가 되길 염원해 본다.

미륵사 탑의 복원은 관광불모지 익산의 '시발점'이 되어야 한다. 그래서 국립익산박물관의 존재가 더욱 중요하다. 하지만 익산박물관의 내용, 규모로 보아 관람객을 유인하는 데 한계가 있다. 프랑스의 루브르박물관, 영국 대영제국 박물관, 미국의 스미소니언 박물관 등 해외 유명 박물관들을 관람해본 우리나라 국민들의 눈높이를 따져볼 때 과연 국립익산박물관을 보고 다시 오고 싶을까 의심이 간다. 아프지만 이게 현실이다.

미륵사와 국민 사이의 거리를 좁히는 방법

익산시는 국립박물관 개관을 기점으로 연 500만 관광객을 유치하기 위한 인프라 확충 작업에 착수했다고 한다. 관광객 편의시설인 카페테리아와 쉼터 등을 조성하고 전망대와 경관조명 설치, 놀이공간 등을 순차적으로 확충할 계획이다. 공원과 광장, 주차장, 전통체험관 등이 들어설 예정이며 사업이 완료되면 관광산업은 물론 지역경제 활성화까지 일석이조의 효과가 기대된다. 지역의 관광자원을 활용한 프로그램도 활발히 전개한다. 우선 국립익산박물관 개관을 기념해 익산역부터 익산문화원, 국립익산박물관을 연결하는 시티투어버스를 운행한다.

물론 다 필요한 요소이다. 하지만 미륵사지 밖에 공원을 만든다고 국민들이 미륵사지를 방문할까? 전혀 아니다, 방문객들은 미륵사지 안에 무언가를 보기 위해 오는 것이다. 맛집에 반찬을 먹으러 가지 않듯이 관광자원에는 '메인 메뉴'가 가장 중요하다. 보다 지속적이고 강렬한 임팩트가 황량하기 그지없는 '미륵사지 안'에 구축되어야 사람들이 찾아올 것이다. 지금의 미륵사지 석탑과 박물관과 같은 일별(一瞥)하는 역사관광은 일회성 방문으로 끝난다. 자꾸 오고 싶고 머물 수 있는 공간 조성이 필요하다. 미륵사

미륵사지 연지(익산시 제공)

지 입구와 미륵사 탑 사이 공간에 무언가를 채워야 한다. 이것은 국민과 미륵사지 석탑 사이의 간극을 메우는 일과 같다.

익산시는 오는 2038년까지 백제 왕궁과 미륵사지, 무왕릉 등 6곳의 백제 왕도 핵심 유적에 약 3,600억 원을 투입해 정비키로 했다. 복원에 한계가 있는 유적은 ICT 기술을 활용한 가상 복원(3D 디지털 복원)을 추진한다. 이와 함께 '무왕 도시' 이미지를 적극적으로 알리기 위해 주요 거점 지역에 역사문화공간을 조성해 도시 브랜드를 구축해나갈 계획이다. 미륵사지와 왕궁리유적에서 야간 상설공연도 실시한다. 문화재에 예술 공연을 접목시켜 관광객들에게 힐링과 문화 향유의 시간을 제공해 스쳐 지나가는 곳이 아닌 머무르는 관광도시로서의 전환을 시도하겠다는 구상이다.

2021년 1월에 미륵사지는 문화체육관광부와 한국관광공사가 2년에 한 번 선정하는 '한국관광의 별 본상'을 수상하고 '한국관광 100選'에 뽑혔다. 사실 국보 11호인 미륵사지 석탑이 있고, 2015년 7월 유네스코 세계 유산으로 지정됐으며 국립중앙박물관 산하 13번째 지방박물관인 국립익산박물관이 들어서 있는 걸 감안하면 때늦은 감이 없지 않다. 2020년 5회째를 맞은 '한국관광 100選'에 전주 한옥마을은 5회 연속(2013~2022), 진안 마이산과 정읍 내장산 국립공원은 4회 선정되었다. 이에 반해 익산 지역 대표 관광지인 미륵사지가 2021년 1월 처음으로 선정된 것이다. 이것은 시작에 불과하다. 미륵사지가 '한국관광의 별' 수상과 함께 '한국관광 100選'에 계속 선정될 수 있도록 치밀한 전략과 노력이 강화되어야 한다. 관광객들이 더욱 즐겁고 편리하게 미륵사지와 국립익산박물관을 관람할 수 있는 관광 기반시설을 확충하는 것이 절실하다.

　이탈리아는 악명높은 소매치기와 전 세계에서 몰려드는 수많은 방문객 등으로 인하여 발생하는 여러 가지 불편한 점에도 불구하고 세계 최고의 여행지로 사랑받는다. 과연 그 이유는 무얼까? 전 세계에서 가장 많은 볼거리와 풍부하고 다양한 먹거리를 가지고 있기에 여행객의 본능 그 이상을 만족시켜 주는 여행이 될 수밖에 없기 때문이다. 제아무리 21세기 테크놀로지가 지배하는 세상이라지만, 고대부터 중세의 문화를 느낄 수 있는 건축, 박물관에서 다양한 먹거리, 패션에 이르기까지… 오랜 세월 쌓아온 독보적인 매력들로 여행 내내 압도되는 사랑스러운 나라이기 때문이다. 성당(聖堂)의 나라이면서 파스타의 나라, 와인의 나라이기에 가능한 일이다.

　지진으로 늘 불안한 상황 속에서도 일본의 온천은 신이 내려준 선물이 아닐 수 없다. 전국 어디서나 온천수가 샘솟는 것을 보면 부러울 때가 많다. 하지만 단지 온천만으로 연간 3천만 명의 외국인이 방문하는 것일까? 물론 아니다. 그곳에 가면 가이세키(会席)라는 일본 정식이 기다리고 있고 분위기 있고 정갈한 료칸(旅館)이 우리를 반긴다. 그리고 또 하나, 세계인을 매료시키는 일본식 정원이 있다. 일본에는 신사(神社)마다 연못 정원이 있고 미술관에도 정원이 조성되어 방문객을 반긴다. 필자가 방문한 아다치(足立) 미술관은 미술관 자체도 유명하지만 그들이 보유한 정원은 세계 최고 수준을 자랑한다. 실제로 보면 소름이 끼칠 정도다. 그 완벽한 정원을 보려고 자꾸만 가고 싶어진다. 이처럼 관광 요소들 사이에 주객이 전도되는 역전 현상이 일어나야 그 명소가 성공할 수 있다. 이탈리아가 성당이나 건축

일본 아다치 미술관 야외정원

물을 압도하는 파스타, 와인을 보유하고 있는 것과 마찬가지다.

한국의 산사(山寺)는 건물 그 자체는 대부분 소실되고 새로이 복원된 것이 대부분이다. 유럽의 성당과는 달리 사찰 건물 자체의 가치가 부족하다. 하지만 사찰로 향하는 진입로, 주변 자연경관, 계곡, 연못 정원, 찻집 등이 어우러져 세계 최고의 명소로 불릴만 하다. 미륵사도 마찬가지이다. 전국에서 사람들이 재차 방문할 만한 명소가 되려면 무엇이 필요할까?

우선 첫째, 2개의 미륵사지 연못을 중심으로 '미륵사 백제정원'이 조성되어야 한다. 전북 익산시 미륵사지 터는 두 개의 석탑과 주변을 둘러싼 용화산, 남측 연못이 어우러져 아름다운 경관을 연출하고 있다고 평가된다. 하지만 과연 그럴까? 무언가 과대평가된 것 같다. 만약 그러려면 남측 2개의 연못을 미륵사의 역사적 표현에 맞게끔 창의적으로 살려내야 할 것이다.

절 앞에 있는 백제 연못은 중앙통로 동과 서 좌우에 설치되었는데 동쪽 연못(東蓮池)은 동서 길이 49m, 남북 길이 48m쯤 되는 정방형 연못이고, 서쪽 연못(西蓮池)은 동서 길이 51m, 남북 길이 41m쯤 되는 장방형 연못이다. 중앙 진입로의 너비는 51m쯤 되었다. 입수구(入水溝)는 연지(蓮池) 동북쪽 모퉁이에 있는데 미륵사지 동편으로 흘러내리는 계류(溪流)를 자연스럽게 끌어들이는 물도랑을 만들었다. 이 입수구는 S자형으로 굴곡을 주었으며 부챗살 모양으로 물이 못 속에 흘러들게 만들었다.

미륵사가 미륵 하생신앙(下生信仰)의 용화삼회(龍華三會)의 미륵정토를 상징하는 삼원식(三院式) 가람을 하고 있어 이 연지는 속세와 정토를 구분하는 구역 분할의 기능도 하고, 극락세계의 구품(九品)의 세계관(世界觀)과 연화회(蓮華

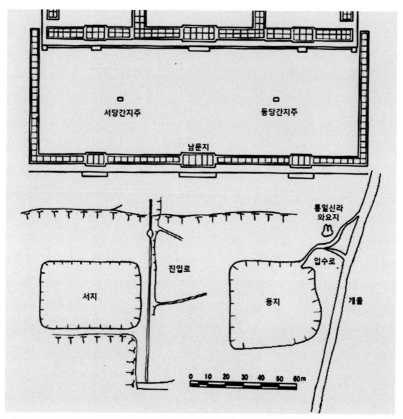

미륵사지 쌍지 평면도(《미륵사지 발굴 조사보고서》, 도판편, 국립부여문화재연구소, 1996, p.385)

會)로도 생각할 수 있다. 이 못에 미륵사와 용화산의 그림자가 잠기면 그 아름
다움이 대단했을 것이다. 미륵사의 조영이 미륵의 세계관을 현세(現世)에 현
현(顯現)시킨 것이기 때문에 연지 또한 그러한 정토사상(淨土思想)에 의하여 만
들어진 조원(造苑)이다.*

* 〈사찰환경조성에 대하여〉, 한국전통문화학교 석좌교수 정재훈 세미나 자료

경남 산청 수선사 연못(blog.naver.com, tnrdus2008)

일본 후쿠오카현 덴만구(太宰府天宮) 신사(神祠) 연못정원

　미륵사지를 둘러본 사람이라면 모두 느꼈겠지만 뭔가 허전하고 사막 같은 분위기이다. 역사만을 강요하고 있는 느낌이다. 이런 장소는 방문객이나 시민들에게 안식처가 될 수 없다. 방문한 사람들이 미륵사지를 보면서 사색할 수 있는 공간을 마련해주어야 한다. 좋은 예를 든다면 무엇일까?

　우선 경남 산청에 수선사(修禪寺)나 제주도의 '생각하는 정원'이라는 분재원(盆栽園)을 들 수 있을 것이다. 또 연못 정원이 아름다운 일본 후쿠오카현 다자이후시의 덴만구(太宰府天宮) 신사나 교토의 은각사(銀閣寺) 역시 좋은 롤모델이다. 아이디어를 하나 내자면, 미륵사지 일부(3~5만㎡) 연못 주변이

제주 '생각하는 정원'

라도 조계종에게 장기 임대 방식으로 돌려주는 것은 어떨까? 조계종이라
는 종단의 민자 유치사례가 될 것이다. 또한 조계종에서는 정원 조성에 조
예가 있고 열정이 있는 젊은 스님을 미륵사지의 쌍지(雙池)에 보내 익산시의
불자들과 함께 사찰을 신축하고 사찰 정원을 복원하고 경내에 조성하도록
하는 것이다. 무에서 유를 창조한 경남 수선사의 스님 같은 분이 여기에도

국보 간농뎅이 비치는 연못과 정원, 교토 은각사(괴산타임즈 2016.03)

필요하다. 참고로 산청 수선사의 여경 스님은 1992년 33세의 나이에 수선사를 축조하기 시작했고 사람들이 머물 수 있는 카페와 연못을 일구어 아름다운 공간을 창조해 냈다. 현재는 코로나로 갈 곳 잃은 사람들에게 각광받으며 전국 언택트 관광지 100선(選)에 선정되기도 했다.

  자, 이처럼 정원과 연못이 자리하게 된다면 방문객들의 동선은 어떻게 될까? 미륵사 탑을 관람하고 사찰 정원에 와서 잠시 휴식의 시간을 가질 수 있을 것이다. 그렇게 되면 정원을 보고 싶어서 자꾸 와보고 싶은 방문객들이 많아질 것이다. 사찰 정원과 미륵사 탑의 시너지 효과를 기대할 수 있을 것이다. 하나 덧붙인다면, 20만㎡에 달하는 미륵사지의 둘레에 약 1.7㎞의 관람로(觀覽路/산책로)를 조성한다면 금상첨화일 것이다. 그 산책로를 백일홍, 벚꽃, 은행나무 또는 메타세쿼이아로 채운다면 어떨까? 가까운 익산 아가페 정양원(www.agap.or.kr)에 가면 길지 않은 산책로에 메타세쿼이아가 조성되어 있어 찾곤 한다. 걸을 때마다 얼마나 아늑하고 멋있는지 감동할 따름이다. '익산에도 이런 곳이 있다니…' 하는 생각이 든다. 코로나 팬데믹에 시달리며 오랜 집콕생활로 지친 사람들이 나무가 심어진 둘레길을 한가로이 걸으며 백제 미륵사를 음미하고 상상하는 기회가 될 것이다. 우리나라 역사 최고(最古)의 로맨스 노래인 서동요(薯童謠)**를 읊조리는 길이 될 것이다. 이렇게 될 때 미륵사지는 백제 무왕이 만든 과거의 사찰이 아니라 동시대들의 진주(眞珠)가 될 것이다. 우리와 함께하는 백제 무왕의 진정한 부활을 고대한다.

이 글을 쓰면서 자료를 뒤적이다가 국립문화재연구원에서 작성한 '익산 미륵사지 복원정비 기본구상'(2018년)이라는 보고서를 접하고 새삼스럽게 놀랐다. 관람로, 녹지 조성 부문에서 필자가 구상하는 내용이 일부 들어 있

** 『삼국유사』 기이(紀異) 제2 무왕(武王)조에 수록되어 있는 서동설화(薯童說話)에 전해지는 백제 서동과 신라 선화공주의 국경과 신분을 초월한 사랑이야기. 우리나라 최초의 4구체 향가(鄕歌)로서 '선화공주님은/남몰래 사귀어 두고/맛동 도련님을/밤에 몰래 안고 간다'는 내용이다. 백제의 서동이 신라 진평왕의 딸인 선화공주를 사모해 아내로 맞이하기 위해 이 노래를 지어 아이들로 하여금 부르게 했다고 한다. 이후 서동은 고향인 익산에서 선화공주를 아내로 맞아 백제의 무왕이 되었다.

익산 아가페 정양원의 메타세쿼이아 길

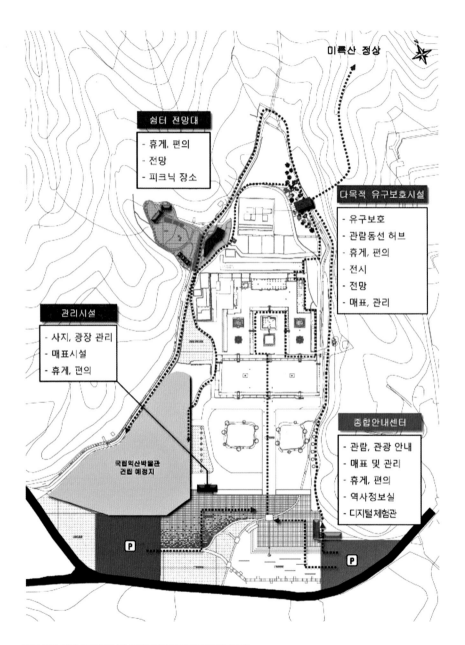

첨터 전망대
- 휴게, 편의
- 전망
- 피크닉 장소

미륵산 정상

다목적 유구보호시설
- 유구보호
- 관람동선 허브
- 휴게, 편의
- 전시
- 전망
- 매표, 관리

관리시설
- 사지, 광장 관리
- 매표시설
- 휴게, 편의

국립익산박물관
건립 예정지

종합안내센터
- 관람, 관광 안내
- 매표 및 관리
- 휴게, 편의
- 역사정보실
- 디지털체험관

미륵사지 편리 및 관리시설 계획안(문화재연구원 2018년)

었다. 연못 주변 녹지 조성이 반영되어 있지 않았고 관람로(필자는 산책로) 포장재 문제, 녹지 조성 대상 등 일부에서 차이가 있긴 하지만 기본 골격은 비슷하였다. 필자가 구상하는 핵심은 미륵사지 총 6만 평 중에서 미륵사 터의 보존을 위해 주변 3만 평의 현상 변경을 철저히 배제하고, 미륵사 터로부터 어느 정도 떨어진 3만 평에는 나무를 심어 정원화, 녹지화를 하자는 것이다. 그리고 정원, 녹지화하는 3만 평 역시 나무, 자연석, 벤치만을 설치하는 조경원칙을 세워서 데크나 보도블록과 가공석(加工石)은 일체 거부한다는 것이다. 가공석으로 복원한 미륵사 동탑에서 얻은 그 교훈을 결코 잊어서는 안 된다.

국립문화재연구원의 시설계획안(익산 미륵사지 복원정비 기본구상 116p, 2018년)에 눈에 띄는 곳이 '쉼터 전망대'였다. 필자는 문화재청이나 문화재위원회에 주눅이 들어서 감히 그런 구상까지 못 하였다. 바로 그거다. 산책로(관람로)를 거닐다가 전망대 카페에 올라 커피나 차를 마시면서 미륵사 탑을 포함한 미륵사지를 바라볼 때 미륵사지 문화역사 관광의 정점(頂点 피크)에 도달할 것이다. 이것을 국민 모두가 갈망하고 있다. 어찌 이를 말릴 수 있나.

미륵사지 쉼터 전망대 카페를 '무왕(武王)의 추억'이라고 명명하면 좋겠다. 전망대는 2022년 말까지 완료되는 미륵사 중문(中門) 기본설계를 참조하여 동일하게 건축하고 미륵사지 후문(後門)으로도 활용하자. 그곳에서 차를 마시면서 미륵사 탑이 전해주는 사랑의 노래 〈서동요〉를 아련히 들을 수 있다면? 아마도 다시 오지 않고 못 배기는 명소가 될 것이다. 미륵사 탑과 '무왕의 추억'에서 차 한 잔이 주는 짜릿한 맛을 결코 잊지 못할 것이다.

부디 널찍한 주차장이 잘 갖추어져 있기를 바란다. 전국의 젊은 연인들이 멋진 추억을 만들기 위해 몰려올 것이고 당연히 '백제 서동/선화마을'에서 쇼핑을 하고 맛있는 식사도 즐길 것이다.

미륵사 주위는 황량한 데다 여름철에는 특히 뙤약볕 아래 접근 자체가 힘들어 애를 먹는다. 구슬이 서 말이면 뭐하나 꿰어야 보배다. 미륵사 탑은 지방도시 익산의 심장(心臟)이고 운명(運命)이다. 이 탑을 더 이상 홀로 외롭게 해서는 안 된다. 문화재 보호를 내세워서 이런 단점을 방조하거나 그 시정을 지연시켜서는 안된다. 어쩌면 문화재위원들, 그들만의 미륵사지였던 것을 이제 국민들 모두에게 돌려주어야 한다. 지난 50년간 김삼룡 박사, 최완규 교수를 비롯한 문화재 관련 연구종사자들의 끈질긴 노력이 아니었다면 오늘의 미륵사 탑조차 존재할 수 없다는 사실을 인정한다. 진심으로 감사와 찬사를 드린다. 하지만 이제 그런 노력을 많은 국민들이 알 수 있으려면, 미륵사지 전체를 국민 모두에게 돌려주어야 한다.

그동안 미륵사지 복원에는 숱한 예산 확보 상의 어려움이 있었고 이로 인해 발굴 조사, 복원이 지연되었다. 동탑의 복원은 대통령의 관심이 있었기에 단 1년 만에 전광석화같이 해치우더니 역사에 남을 졸속 복원이라는 엄청난 비난을 받았다. 이것이 전부이고 서탑 복원에는 무려 20년이 소요되었다. 그리고 나머지 공터(적어도 3만 평)는 어떻게 할 것인지조차 방향을 정하지 못한 채 속절없이 세월이 가다 보니 전북 익산은 전국적인 매력을 끌 수 있는 역사문화관광명소 없는 도시가 되었다. 역사문화, 예술음악이 없는 도시는 희망이 없다. 젊은이들에게 희망을 주지 못하는 지방도시는 소멸되는 길을 걷는다는 것은 이제 진리가 되고 있다. 이런 마당에 방문

미륵사로 주변 마을 전경

객을 위한 최소한의 조경(造景)조차 허용되지 않는다면, 백제 역사는 국민의 관심에서 더더욱 멀어질 뿐이다.

둘째 '미륵사로(彌勒寺路)'를 조성하는 것이다. 미륵사지를 관람하고 나서 주변에서 즐길 수 있는 거리를 조성해야 한다. 미륵사지의 좌우 2㎞ 도로를 '미륵사로(彌勒寺路)'로 지정해 개발해야 한다. 현재 이 도로변에는 자연발생적으로 음식점, 카페, 커피숍이 하나둘 들어서고 있다. 배산(背山)지형이라 개인들의 전원주택도 심심치 않게 보인다. 익산은 지형적으로 평야지대이다 보니 산은 미륵산이 유일하다. 산을 찾는 등산객들은 당연히 이곳을 찾게 되어 있다. 하지만 그 규모가 크지 않아 상점들이 번성하지 못한

게 현실이다. 이제 미륵사 탑이 복원되고 박물관이 들어섰으니 제대로 손님 맞을 채비를 해야 한다. 아직 많이 부족한 분위기이지만 기회는 만들면 된다. 주변 점포 주인들이 조합을 결성하여 한국 최고의 가로(街路), '미륵사로'를 조성해보자. 해당 지역의 마을지도자(Leader 로컬 크리에이터)가 나서서 도로변에 미술, 공예 예술가들을 유치해야 한다. 예를 든다면 익산시 여산면에는 3대째 칡으로 붓을 만드는 장인 분이 있다. 이런 보물 같은 분들을 모셔올 수 있다면 한층 더 활성화될 것이다. 이런 기획으로 명소가 탄생한 사례는 일본, 미국 등 선진국에서 흔하게 볼 수 있다.

　필자는 그 성공 사례들을 찾아보고 방문해 보았다. 일본 규수의 유후인, 미국 캘리포니아의 카멜시티, 미국 조지아의 독일마을 헬렌 등… 수없이 많은 성공 케이스들이 있다. 우리도 백제마을(Village)을 조성하자. 대단하게 무엇을 만들자는 것이 아니다. 우선 방문객들이 미륵산에 올라 마을을 내려볼 때 점포, 주택의 지붕 색만 통일되어 있어도 멋진 인상을 남길 것이다. 아마도 그것을 배경으로 인증샷을 남기느라 분주할 것이다. 지붕 색은 당연히 백제와 익산을 상징하는 색으로 채택되었으면 한다. 수많은 전문가들이 토론을 거쳐 신중하게 결정하면 좋겠다. 발칸반도를 여행한 사람들은 잘 알 것이다. 많은 사람들은 한결같이 붉은색 지붕이 이어진 풍경을 이야기한다. 우리보다 경제가 어려운 상황인 발칸반도의 마을도 멋지고 일관된 지붕 색을 가지고 있다. 그 붉은색은 숲의 나무잎, 초록색과 보색(補色)이 되어 참으로 잘 어울린다. 그 전경이 잊혀지지 않아 또 가고 싶은 생각이 든다. 가보고 싶고, 사보고 싶고, 무언가 먹고 싶고, 사진 찍고 싶게 만든다. 『골목길 자본론』의 저자 모종린 교수는 이런 말을 했다. "어느 작은

크로아티아 두브로닉 성곽 내외부 '지붕' 전경

전남 신안 선도(蟬島) '노랑 지붕'(《월간 山》 2021.04.19)

일본 유후인(由布院) 거리
미국 조지아 독일마을 '헬렌 조지아' 시가지 / 미국 캘리포니아 카멜시티(Carmel City)

마을도 커피전문점, 독립서점, 게스트하우스, 그리고 베이커리 네 종류의 매력적인 가게만 있으면 머물고 싶은 마을이 된다."

이 마을을 백제 서동(薯童)/선화(善化)마을이라 부르고 싶다. 미륵사지 서쪽 마을을 '서동마을'이라 하고 동쪽 마을은 신라 서쪽에서 온 선화공주의 이름을 따서 '선화마을'로 하면 그 의미가 남다르겠다. 물론 부여백제마을이나 전주 한옥마을과 다른 현대적인 마을로 차별화되어야 색다른 매력이 있을 것이다. 한옥마을은 전북 지방에 전주 한옥마을 하나로 충분하고 부여백제마을은 분위기가 다소 무겁고 가라앉아 요즘 젊은이에게 맞지 않는 느낌이다. 미륵산 서동/선화마을은 주요 타겟을 젊은 층 연인을 대상으로 해야 성공할 수 있다. 일본 유후인 시골 마을을 모델로 삼아봄직하다. 새로운 개념의 서동/선화마을로 현대 감각에 철저히 충실해서 차별화해야 한다. 마을 아이덴티티를 위해 지붕은 발칸반도의 '붉은색'을 도입해보는 것은 어떨까? 지방에서 젊은이들이 떠나고 있는데 그들이 살고 싶고 아이 낳고 싶은 마을이 절실하다.

미륵사의 숨은 보석(寶石), 2개의 연지(蓮池)를 외면하다니??

불교 전래 초기에 조성된 연지(蓮池)는 절에 들어가는 남문이나 중문(中門) 앞에 조성된다. 구품연지(九品蓮池)와 더불어 불교 전래 초기에 백제 땅에 창건된 부여의 정림사지와 익산의 미륵사지에서도 연지를 볼 수 있다. 이 두 사찰의 연지는 통로를 사이에 두고 동서 양측에 조성됐다. 연지의 형태는 대부분 방형(方形)이다. 정림사지와 미륵사지의 연지가 방형이고, 그 후에도 지속적으로 방형지가 만들어진다. 그러나 불국사 구품연지는 타원형에 가까운 곡지(曲池)이다. 통일신라시대 경주에서 조성된 안압지, 구황동원지(九皇洞園池), 용강동원지(龍江洞園池) 역시 곡지인 것을 보면, 아마도 그 당시 경주 땅에서는 곡지가 유행했던 모양이다. 그렇지만 통일신라시대 이후에는 우리 땅에서 곡지형 연지의 모습을 찾기 어려워진다.

유홍준 교수의 『나의 문화유산 답사기』를 보면 불국사의 청운교와 백운교 바로 밑에 구품연지(九品蓮池)라는 큰 연못이 있었다는 이야기가 나온다. 그런데 1970년대 당시 복원공사 책임자들의 이야기에 따르면 '관광객의 동선을 방해한다'는 등의 이유로 복원하지 않기로 했다고 한다. 다행히 부여 정림사와 미륵사의 쌍지(雙池)는 옛 모습을 간직한 채 묵묵히 관람객을 맞고 있다.

국립부여문화재연구소의 미륵사 유적발굴 조사 보고서 II(p169~172/1996년)에 의하면 미륵사지에 대한 발굴 조사(1991~1993년)가 진행되면서 미륵사지 쌍지는 통일신라 대 초기에 처음 조성된 것으로 확인되었는데, 즉, 남(南) 회랑지와 같은 조성 시기(716년 이전)로 보인다. 이 보고서에 의하면 통일신라시대 유구의 파괴를 줄이기 위해서 제한된 조사가 되었고 백제기의 연못이 있었는지 여부를 단언할 수 없다고 하였다. 그리고 발굴 조사 과정에서 미륵사지 못 내부의 검은 유기물층에서 나뭇잎, 마름열매, 연꽃 줄기 등 퇴적된 것이 확인되어, 미륵사지의 연못(池塘)은 정림사지의 지당과 마찬가지로 연꽃을 심은 연지(蓮池)의 기능을 하였다는 것을 알 수 있다. 한편, 발굴 조사 때에 동쪽 지당 남·북 호안과 서쪽 지당 북쪽 호안에서 왕버드나무 뿌리가 노출되어 연못(지당) 주변으로 나무를 심었던 것

부여 정림사 '연지'(부여군청 홈피)

으로 추측한다. 하지만 연못(지당)과 나무뿌리 이외에는 다른 정원 시설이 발굴되지 않았다. 다만, 발굴 조사가 2개의 연지에 집중되었고 '연지' 주변 지역에 대한 발굴 조사는 진전되지 않아서 추가로 발굴 조사가 필요하다. 발굴 당시 논밭이었던 미륵사 연지는 1997년에 정비 · 복원되어 오늘에 이른다. 물론 버드나무도 복원 때 함께 심었다. 이러한 우리나라 사찰의 아름다운 연못들을 보면서 또 일본의 사찰, 신사의 연못들을 보며 감탄하면서

미륵사지 쌍지(동측)

도 왜 정원과 연못을 유독 사랑했던 백제 무왕의 미륵사지 2개 연지(蓮池)는 철저히 외면할까? 도저히 이해가 안간다.

　미륵사 쌍지가 통일시대에 조성된 것이라는 발굴 조사는 믿기지 않는다. 『삼국사기』에 분명히 기록되어 있듯이 백제 무왕이 무왕35년(634년) 부여의 궁남지(宮南池)를 조성한 것과 왕궁리 유적에 나오는 연못을 보면 더욱 그렇다. 사비로 천도(538년)한 후 조성된 부여 정림사지 2개의 연지를 보면 미륵사 2개의 연지도 그토록 연못을 사랑하였던 백제 무왕이 조성한 것이라고 믿고 싶다. 실제 백제 무왕이 조성한 후 메워졌다가 통일신라시대에 복원되었는지도 모른다. 백제 무왕에게 죄를 짓고 있는 심정은 필자만의 감정일까? 부여의 궁남지는 없어진 연못도 복원해 1만여 평을 조성한 마당에 자연수가 흘러서 들어가고 스스로 빠져나가는 천혜의 조건을 가진 익산 미륵사의 '쌍지'는 여전히 살아서 움직이고 있는데도 외면만 당하고 있다. 후손으로서 안타깝고 부끄럽기 짝이 없다. 우리나라 미래의 등불인 어린이, 젊은이들에게 동북아시아를 호령하던 백제 무왕의 꿈을 꾸게 하려 는데 이리도 인색해서야 되겠는가 말이다.

미륵사의 쌍지는 석탑에 가려서 아무에게도 관심을 받지 못하고 미륵사 지의 조연(助演) 역할조차 찾지 못하고 있다. 필자는 감히 이 쌍지가 미륵사 의 부활을 가져올 히든카드라고 생각한다. 이 쌍지와 그 주변이 숲(정원) 으로 복원된다면? 편안히 쉴 곳을 찾는 국민의 갈증을 일거에 날려 보내는 필살기(Killer)가 될 것이다. 아무쪼록 이런 방향으로 미륵사의 복원이 되면 얼마나 좋겠는가? 하지만 현실은 넘어야 할 산이 너무도 많다. 평면도 등 사찰 구조나 외형에 대한 기록이 전무한 상태이고 미륵사의 경우 석탑만 보존되어 있어 실물 복원을 하고자 하더라도 과연 얼마나 본래 모습을 찾 아낼 수 있을지 의문이 간다는 주장이 많다. 게다가 이런 주장을 결코 무시 할 수도 없는 것이다. 차선책으로 3D 복원이라는 카드를 활용하고 있는데 문제는 그렇게 되면 2030년대에나 실물 복원이 추진할 수 있다는 것이다. 그때까지 또 기다려야 하는가? 그렇다면 이러한 현실을 감안해 미륵사 숲 (정원/산책로) 정비(복원)를 우선 추진하고 많은 국민들이 그 숲을 거닐며 미륵사 복원이라는 꿈을 공유할 수 있는 환경을 조성하는 게 맞지 않을까? 국립문화재연구원에서 2022년 말까지 수립 중인 '미륵사 복원 기본계획' 에 '정원, 산책로, 전망대'를 꼭 반영해주길 고대한다. 이는 결코 남의 일이 아니고 우리 모두의 일이다.

한국의 정원에는 계절의 변화가 민감하게 반영되었다. 봄이면 꽃과 신록이 움트는 것을 보며 생명의 신비를 느끼고, 여름이면 시원한 녹음 아래서 여유를 즐기며, 가을이면 단풍과 열매가 풍성한 결실의 시간을 만끽하고, 겨울이면 고요히 내리는 눈과 함께 고독을 맛보게 하였다. 이러한 계절의 변화와 더불어 햇빛과 달빛, 비와 눈, 바람 소리, 작은 동물, 나비, 곤충 등 자연의 생명력과 더불어 청각·후각·미각 등의 요소가 가미됨으로써 인간의 오감을 자극하는 정원을 구성하였다. 정원 조성에서 연못의 중요성은 아무리 강조해도 지나치지 않다.

전북 익산 왕궁리(王宮里) 유적은 1989년부터 계속된 발굴 조사 결과 백제 무왕 때의 왕궁이었음이 밝혀졌다. 40여 채가 넘는 건물터 등과 함께 백제 정원과 후원이 확인되어 1,300여 년 전 백제 임금이 어느 동선을 따라 산책하며 무왕의 꿈을 실현하고 있었다. 특히 왕궁 터 중앙부 동편에서 조사된 정원 터에서는 연못의 바로 옆에서 관람시설과 건물 터가 확인이 되었는데, 여기에 있던 건물은 화려한 괴석과 순 자갈돌(강자갈돌)로 꾸며진 연못 등의 정원 모습을 즐기기 위해 만들어진 정자였을 것으로 보고 있다.

사실 백제 무왕과 연못의 인연은 유난히 깊으며 그 사랑이 남다른 것을 느낄 수 있다. 충남 부여에 가면 궁남지(宮南池)가 있는데 궁남지는 신라 선화공주와 결혼한 무왕의 서동요 전설이 깃든 곳이다. 『삼국사기』에 "백제 무왕 35년(634) 궁의 남쪽에 못을 파 20여 리 밖에서 물을 끌어다가 채우고 주위에 버드나무를 심었으며, 못 가운데는 섬을 만들었는데 방장선산(方丈仙山)을 상징한 것이다"는 기록이 있다. 이로 보아 이 연못은 백제 무왕 때 만든 궁의 정원이었음을 알 수 있다. 연못의 동쪽 언덕에서 백제 때의 기단

석과 초석, 기와 조각, 그릇 조각 등이 출토되어 근처에 이궁(離宮)이 있었을 것으로 짐작된다. 연못 가운데 섬을 만들어 신선 사상을 표현한 궁남지는 우리나라 최고(最古)의 인공 정원이다.

　백제의 노자공(路子工)은 서기 612년에 일본에 건너가 이러한 백제의 정원 조경기술을 전해주었으니 백제가 삼국 중에서도 정원을 꾸미는 기술이 뛰어났다는 것을 알 수 있다. 궁남지는 사계절이 아름다운 관광지이다. 7

백제 무왕이 조성한 부여 '궁남지'(부여군청 홈피)

보성 대원사(보성군청 제공)

남양주 봉선사 연꽃 축제(남양주시청 홈피)

월에는 천만 송이 연꽃들의 아름다운 향연인 서동(薯童)연꽃축제가 열리고, 10~11월에는 다양한 작품으로 꾸며진 굿뜨래 국화전시회가 열려 궁남지의 아름다움을 더해준다. 이 궁남지는 사비(현 부여)에 있었던 위치를 추정해 1960년 복원사업으로 인공 조성되었다. 이곳엔 1만여 평의 연못(궁남지의 전체 면적은 10만 평)에 홍련, 백련, 수련, 가시연, 왜개연 등 10여 종의 연꽃이 핀다.

연못이 아름다운 사찰을 찾아보니 단연 경남 산청 수선사를 꼽을 수 있고 그 외에도 많지는 않지만 몇 군데가 눈에 띄었다. 남양주 봉선사(奉先寺) 카페 가는 길에는 큰 연못이 있어 매년 7월이면 연꽃축제가 열린다. 우아하고 탐스럽게 피어 있는 연꽃들의 풍경들을 보노라면 은은한 향기에 취하게 된다. 너무도 아름답고 장관이다. 과연 연못이 아니면 연출할 수 없는 장면이다.

전남 보성 대원사엔 7개의 연못에 자그마치 108개 종류의 백련과 수련이 핀다. 8월엔 연꽃축제를 연다. 백제시대 천년 고찰인 본당까지 가는 길은 봄이면 아름다운 벚꽃이 만발해 '한국의 100대 아름다운 길'로 선정되기도 했다. 이처럼 사계절이 아름다운 숨어 있는 산중 사찰이자 명상기도 도량은 한국불교문화사업단에서 휴식형 템플스테이 사찰로 추천하는 전국 5개 곳 중 하나이기도 하다. 입구부터 여러 좋은 말씀 글귀를 읽으며 다양한 나무, 식물, 연못을 보며 입장하는 일직선 가람 구조인데 연못들을 지나칠 때마다 꽃들이 마중 나오고 있다 한다. 보성 대원사는 보성녹차의 뿌리가 되는 곳으로 차 문화를 일으켰다고도 알려졌다.

이러한 우리나라 사찰의 아름다운 연못들을 보면서 또 일본의 사찰, 신사의 연못들을 보며 감탄하면서도 왜 정원과 연못을 유독 사랑했던 백제 무왕의 미륵사지 2개 연지(蓮池)는 철저히 외면할까? 도저히 이해가 안 간다. 미륵사 쌍지가 통일 시대에 조성된 것이라는 발굴 조사는 믿기지 않는다. 『삼국사기』에 분명히 기록되어 있듯이 백제 무왕이 부여의 궁남지(宮南池)를 조성한 것과 왕궁리 유적에 나오는 연못을 보면 더욱 그렇다. 미륵사 2개의 연지도 그토록 연못을 사랑하였던 백제 무왕이 조성한 것이라고 믿고 싶다. 백제 무왕에게 죄를 짓고 있는 심정은 필자만의 감정일까? 부여의 궁남지는 없어진 연못도 복원해 1만여 평을 조성한 마당에 자연수가 흘러서 들어가고 스스로 빠져나가는 천혜의 조건을 가진 익산 미륵사의 '쌍지'는 여전히 살아서 움직이고 있는데도 외면만 당하고 있다. 후손으로서 안타깝고 부끄럽기 짝이 없다. 우리나라 미래의 등불인 어린이, 젊은이들에게 동북아시아를 호령하던 백제 무왕의 꿈을 꾸게 하려는데 이리도 인색해서야 되겠는가 말이다.

미륵사 숲 정원 복원을 위해
넘어야 하는 3개의 고비

그렇다면 미륵사 숲 정원을 복원하기 위해 체크해야 할 것은 무엇일까?
첫째, 미륵사 탑 조망권(眺望權) 훼손 우려가 있다. 그런데 사찰 주변에 정원
을 조성하고자 식수를 하는 것이 조망권을 훼손한다면 우리나라 사찰 모두
문제가 될 것이다. 진입로가 아름다운 사찰을 살펴보면 한결같이 아름드리
나무가 하늘 높이 빼곡하게 자라 그 위풍을 자랑한다. 여기에 물이 흐르니
가히 천국의 풍경이다. 그래서 사람들은 굳이 차에서 내려 걷고 싶어 하고
그 끝에 위치한 사찰도 궁금해진다. 필자가 알아본 곳 중에 아름다운 정원
이 있는 사찰로 뽑는 창원 수선사, 보성 대원사, 남양주 봉선사, 울진 불영
사를 가보면 어김없이 아름다운 연못이 있고 그곳에는 연꽃이 피어 있다.
이처럼 우리나라 산사의 아름다움은 나무, 연못, 계곡의 삼위일체일 것이
다. 오죽하면 문화재청장을 했던 유홍준 교수가 우리나라 국보는 불국사나
다보탑이라기 보다 산속의 '산사'라고 하였고 우리나라는 '산사의 나라'라
고 했겠는가?

그렇다면 백번 양보해서 미륵사 사찰 터를 철저히 보존하면서 주변에 정
원을 복원(조성)하고 녹지를 복원(조성)하는 방법은 없는가? 미륵사지의 총

약 6만 평 중 사찰 터 최대 3만 평을 10년이든 20년이든 철저히 보존, 관리하고, 사찰 터를 완벽히 벗어난 나머지 3만 평은 정원과 녹지로 복원(조성)하는 방법이 있다. 2개 연못을 중심으로 정원을 복원하고, 사찰 둘레 1.7㎞를 산책로로 복원하면 미륵사 탑은 삭막한 탑에서 분위기 있는 백제탑으로 거듭 태어날 것이다. 국민들이 이 탑을 보려고 전국에서 찾아올 기회가 될 것이다.

현재 미륵사지 외부에서 바라보는 미륵사 탑은 어떤 모습일까? 남측 주차장에서 미륵사 탑 주변에 녹지가 조성되지 않은 상태로 바라보면 6만 평의 허허벌판에 서 있는 외롭고 삭막한 탑일 뿐이다. 하지만 주변에 녹지가 잘 조성된 가운데 바라보는 미륵사 탑은 다채로운 모습의 탑이 될 것이다. 시크릿 가든(Secrete Garden)이랄까. 우리가 흔히 접하는 정원수 높이가 3~5m라고 한다면 미륵사지 외부에서 바라보더라도 탑 조망권은 유지된다. 그러면서 숲속에 모습을 드러내는 백제 무왕의 비밀을 담고 있는 신비스러운 모습일 것이다. 나무 사이 사이에 보이는 미륵사 탑은 그 신비를 더해 갈 것이다. 이 정도 그림이면 오히려 적극 권장해야 할 사업이 아닌가 싶다.

둘째, 문화재관련법상 '현상 변경허가' 가능 여부를 봐야 한다. 미륵사지는 문화재보호법 13조에 의한 '역사문화환경 보존지역'이면서 고도 보존·육성특별법10조에 의한 '특별보존지구'(별첨 1)이므로 정원 및 녹지복원(조성)을 위해 현상 변경을 하려면 문화재청장과 문화재위원회의 허가를 받아야 한다. 유네스코(UNESCO)와의 별도 협의가 필요할지도 모른다. 특별보존지구는 그 원형을 보존하거나 원상이 회복되어야 하는 지역으로 문화재 보존지역으로는 가장 보존 필요성이 강한 지역이라고 볼 수 있다. 미륵사지는 현재 약 6만 평으로 구획되어서 보존되고 있다. 이 중에 중심 지역은 미륵 사찰 터이고 대략 1만 평 정도가 된다. 그런데 나머지 5만 평이 동일하게 관리되다 보니 방문객과의 거리감이 너무 커지는 것이다. 그렇지 않아도 미륵사 탑 하나만 남아 있는 상황이니 더더욱 그렇다.

이제 해결책을 찾아야 한다. '보존'의 중요성을 백번 생각해서 미륵 사찰 터 1만 평을 둘러싸고 있는 2만 평을 1차 완충지대로 설정하면 될 것이다. 즉, 1차 완충지대는 사찰 남측 당간지주(幢竿支柱) 주변 지역 5천 평, 사찰의 동서 측면 3천 평, 사찰의 북측 지역 1만 2천 평이 되겠다. 그리고 사찰로부터 거리가 있는 나머지 3만 평은 정원과 녹지(산책로 포함)로 복원(조성)하는 것이다. 이 나머지 3만 평조차 일체의 건축물 신축 없이 나무와 돌, 벤치로 복원하는 것이다.(아파트 조경 사례 사진 참조) 친자연적인 재료로

아파트 조경 사례

시공되었을 때 그 가치가 돋보일 것이다. 미륵사의 그린벨트(Green Belt)를 장착하는 셈이다. 부디 이 정원과 산책로는 미륵사 탑을 능가하는 가치와 품격을 갖춘 한국 최고의 정원이 되길 기원한다. 명실공히 최고가 되어야 문화역사 관광명소가 되고 국민들의 사랑을 받고 세계인들이 찾아올 수 있다. 하지만 그렇게 쓰여야 할 3만 평이 미륵사 탑과 국민 방문객과의 괴리감만 극대화하고 있으니 참으로 안타깝다. 이를 극복하지 못한다면? 미륵사 탑은 또다시 국민들로부터 잊혀진 탑이 될 것이다.

[별첨 2]에서 미륵사지의 세계 문화유산 지정 구역도를 보자면 정원, 녹지(산책로)가 들어서는 3만 평 중 박물관 상층부 1만 평은 세계 문화유산 구역(Nominated Area)에서 벗어나 있고, 미륵사지 둘레길이 될 1.7㎞ 산책로는 관람로 역할을 하기 때문에 전혀 문제가 되지 않는다. 다만, 2개 연못 주변의 1만 평이 문제인데 이곳도 건축물 없이 나무, 자연석, 벤치만으로 조성되면 유네스코 세계 문화유산센터에서도 충분히 양해할 것이다. 그렇게도 유네스코 승인 절차가 부담스러우면 2023년에 1차로 세계 문화유산지구(nominated area)를 벗어난 미륵사지 서측 외곽 울타리에 붙여서 전망대를 설치하고, 2024년에 2차로 산책로를 미륵사지 울타리 안쪽에 붙여서 정비(식재 및 배수)하고, 3차로 2025년에 쌍지 주변에 정원을 정비·복원하면 될 것이다.

셋째, 복원은 시기상조라는 의견이 있다. 미륵사지는 무조건 보존해야 한다는 논리는 지난 70년간은 통했을지 모르겠지만 발굴 작업이 어느 정도 마무리된 지금에선 설득력이 없다. 발상의 전환이 필요하다. 정원이나 녹지로 조성된다 하더라도 건축물을 설치하지 않는 한 언제든지 추가적인 발굴 작업은 가능하다. 지난 70년 동안 미륵사의 복원은 진행되어 왔다. 미륵사의 동탑(東塔)은 복원의 타당성 여부를 떠나 노태우정부 시절 복원(1991~1993)되었다. 아쉽게도 이 동탑은 문화재적 가치의 논란 때문에 외면되어 왔다. 그리고 서탑(西塔)도 2019년에 복원되었다. 이 서탑이 복원되는 과정은 드라마의 연속이었다. 우선 복원할 것인가의 논쟁은 해방 후 50년이 걸려 1998년에야 해체, 복원이 결정되었다. 20년이 지난 2019년 복원되었다. 복원을 결정하는데 50년, 복원공사가 20년이 소요되어 70년이라는 세월 동안 우리 국민을 희망 고문(希望拷問)하였던 것이다. 그동안 미륵사는 문화재 전문가들만의 리그였고 국민과는 동떨어져 잊혀져 가고 있었다.

　　미륵사 탑의 복원은 관광불모지 익산의 '시발점'이 되었다. 반드시 플러스 알파(+α)가 필요하며 이를 충족하지 못하면 다시 잊혀진 탑이 될 것이다. 국립익산박물관 건립으로 미륵사지가 힘을 얻긴 했지만 수도권 방문객들이 과연 한번 방문한 후에도 자꾸 와볼 만한 마음이 들까 하는 의문이 간다. 박물관 방문객(무료)은 주중 3~4백 명, 주말 1천 명이다. 어쨌든 국민과의 거리를 좁히는 계기는 되었지만 국민들 품속으로 들어가기에는 아직도 갈 길이 멀다. 적어도 주중 일일 방문객이 1천 명은 넘어야 할 것이다. 이제 더 이상 그대로 놔둘 수 없다. 무엇인가 시원한 혁신적인 돌파구를 열어야 하고, 바로 그것이 필자가 주장하는 미륵사지 6만 평 중 미륵 사찰 터 3만 평을 제외한 주변 공간 3만 평을 복원(復元)하는 것이다. 정원(庭園)과 녹지(散策路)로 복원하는 것이다.

소요 예산 2,000억 원을 확보하는 법

그렇다면 가장 중요한 소요 예산은 어떻게 확보할 수 있을까? 관련 미륵사지 6만 평 중 3만 평을 숲 정원으로 복원할 경우 조경공사비를 평당 300만 원으로 적용하여 산출하면 총 소요 예산 1,000억 원(추정) 정도가 될 것이다. 평당 조경비는 숲정원의 수준을 어느 정도까지 끌어 올릴 것인가에 따라 달라지겠지만 미륵사의 역사적 가치, 명성으로 보아 숲 정원도 최고 수준으로 올리는 것이 타당할 것이다. 이 중 30%를 지방비로 충당하면 70%인 700억 원을 국고로 확보해야 한다.

문화재청 예산으로 확보하는 방안은 염두(念頭)할 게 있다. 미륵사 복원의 주무 중앙행정기관이므로 당연히 타당한 것 같지만 현실적인 어려움이 있다. 청단위 기관이다 보니 대규모 예산 확보에는 한계가 있다. 문화재청 예산으로는 미륵사의 3D 복원사업을 추진하고, 1,000억 원이 소요되는 미륵사 숲정원 복원사업은 1~2년 내에 대규모 예산을 투입해야 하므로 국가 전체 차원의 예산으로 충당하는 것이 좋다. 연간 1조 원에 달하는 문화체육관광부 관광개발예산으로 충당하면 될 것이다. 다만, 혹시 부족한 부분은 지역균형발전과 지방 관광산업 육성이라는 성격을 지니고 있으므로 연간 10조 원이 넘는 국가균형발전 특별회계(이하 '균특'이라 한다)에서 지원받는 것이 좋은 방안이다. '균특'은 국가균형발전 특별법 30조에 의거 설치되어 있고 기획재정부장관이 관리·운용한다. 국가균형발전위원회(www.balance.go.kr)는 대통령 자문기구로 산업통상자원부가 주무부처이다.

다음은 미륵사로(路) 정비와 백제 서동/선화마을 조성 예산의 확보이다.

구체적으로 미륵사로 확장, 인도 설치, 가로수 식수, 공영주차장 설치 등이 필요하고 서동/선화마을 조성에는 주민복지센터, 도서관 설치 외에 지붕개량사업이 따라야 한다. 미륵사지 좌우(東西) 2개 마을이 조성되는데 각각 500억 원이 소요되어 총 1,000억 원(추정)이 소요될 것으로 예상된다. 이 '서동/선화마을'은 마땅히 전주의 한옥마을에 비견되는 마을이 되어야 되고, 미륵사지 명성을 능가하는 마을이 되어야 성공할 수 있다. 하지만 미륵사 실물 복원이 요원한 여건 하에서는 미륵사 탑과 함께 관광명소로 도약하는 데 어려운 싸움이 불가피할 것이다.

다시 한번 강조하지만, 서동/선화마을이 미륵사지에 기대어 명맥을 유지해보겠다고 상정하면 실패하기 십상(十常)이다. 이에 소요되는 예산은 행정안전부 또는 농림수산식품부에서 조달하면 될 것이다. 서동마을(서측)은 행정안전부 예산으로 충당하고 선화마을(동측)은 농림수산식품부 예산에서 조달하는 방법도 있다. 지방소멸을 막기 위해서 지방도시 마을 육성사업이 활발히 진행되고 있다. 진행되고 있는 마을 육성사업을 보면 창의성과 테마가 부족하여 성공한 사례가 보이지 않는데 이러한 익산 백제 서동/선화마을사업은 군계일학(群鷄一鶴)이 될 것이 명백하다. 단단히 마음먹고 실천해 보자.

정말 실천하겠다면 전북도지사 아래에 전담 부서를 설치하고 추진위원회를 구성해야 한다. 전주 한옥마을의 성공은 전라북도와 전주시의 합작품이다. 그동안 미륵사 복원을 익산시에만 맡겨두다 보니 시·군·구청이라는 '기초'지방자치단체의 한계에 부딪쳐 추진 목표가 왜소화되고 추진 속도가 속절없이 지연되는 전례가 반복되었다. 대통령이 나서도 힘든 일인

데 익산시장이 해결하라는 것은 시작부터 잘못이다. 당연히 전북도지사가 나서야 한다. 미륵사 동탑은 노태우 대통령이, 서탑은 김대중 대통령이 나서서 해결되었다. 전북 제2의 관광명소를 창조하려면 전북도 차원에서 결단을 내려야 한다. 그리고 이 사업을 속도감 있게 적극적으로 추진하려면 전라북도 산하에 (가칭)'미륵산 개발공사'를 반드시 설립해야 한다. 전라북도, 익산시 공무원이 해야 할 일이 따로 있고 현장에서 산하기관이 해야 할 일이 따로 있다. 이 공사(公社)는 △미륵사지 백제정원 및 관람로 복원과 관리 △백제 서동/선화마을의 조성과 관리업무를 맡게 될 것이다. 한국 최고의 관광명소를 창조하는 데 공짜는 없다. 'No Input, No Output'의 진리를 명심하자.

향후 추진일정(안)

2022. 10~12월	미륵사지 정원(전망대, 산책로포함)복원 기본계획 수립
2023. 01~12월	문화재청 및 문화재위원회 승인(정원, 산책로) 미륵사지 전망대 설치(미륵사지 서측 울타리 경계)
2024. 01~12월	미륵사지 산책로 정비 미륵사지 정원복원대상지 발굴 조사(쌍지 주변 약 1만평)
2025. 01~12월	미륵사지 정원 복원

제19360호　　　　　　관　　　　보　　　　2018. 10. 19.(금요일)

●문화재청고시제2018-139호

「문화재보호법」 제13조 및 「토지이용규제기본법」 제8조에 따라 국가지정문화재 사적 제87호 「익산 쌍릉」 등 7건의 역사문화환경 보존지역 내 건축행위 등에 관한 허용기준을 다음과 같이 변경 고시합니다.

　2018년 10월 19일

　　　　　문 화 재 청 장

1. 고 시 명 : 「익산 쌍릉」 등 7건 국가지정문화재 주변 역사문화환경 보존지역 내 건축행위 등에 관한 허용기준 변경

2. 고시사항

　가. 대상문화재

연번	지정번호	지정명칭	소재지
1	사적 제87호	익산 쌍릉	전북 익산시 석왕동 6-12 외
2	사적 제92호	익산 토성	전북 익산시 금마면 서고도리 산50-3 외
3	사적 제150호	익산 미륵사지	전북 익산시 금마면 기양리 32-2 외
4	사적 제347호	익산 입점리고분군	전북 익산시 웅포면 입점리 산174 외
5	사적 제405호	익산 제석사지	전북 익산시 왕궁면 왕궁리 247-1 외
6	사적 제408호	익산 왕궁리유적	전북 익산시 왕궁면 산80-1번지 외
	보물 제46호	익산 고도리석조여래입상	전북 익산시 금마면 동고도리 400-2

　나. 관련근거

　ㅇ 문화재보호법 제13조, 제35조 제1항 제2호

　ㅇ 문화재보호법 시행령 제21조의2 제2항

　ㅇ 문화재보호법 시행규칙 제2조의2

　다. 기준의 적용

　ㅇ 본 허용기준은 「문화재보호법」 제13조 제4항 및 제6항과 같은 법 시행령 제21조의2 제2항 제1호의 행위를 대상으로 한정하며, 그 이외의 사항에 대해서는 현행과 같은 국가지정문화재 현상변경 등 행위 처리절차에 따라 처리함

　ㅇ 본 허용기준 범위 내 행위는 「문화재보호법」 제13조 제2항, 제6항에 따라 역사문화환경 보존 지역에서 지정문화재의 보존에 영향을 미칠 우려가 없는 행위이므로 문화재 영향검토를 생략 하고, 지방자치단체에서 자체 처리함

라. 역사문화환경 보존지역 내 건축행위 등에 관한 허용기준
  ○ 변경내용 : 고도보존 및 육성에 관한 특별법에 따른 고도지구 반영, 허용기준 작성지침 반영 등
   - 세부내용 : 별첨자료 참조
  ○ 문화재별 허용기준 도면 정보
   - 문화재청 홈페이지(www.cha.go.kr) : 행정정보 > 법령정보 > 고시
   - 문화재공간정보(GIS)서비스(http://gis-heritage.go.kr) : 알림마당 > 현상변경 허용기준

3. 기준시행일 : 관보 고시일

4. 연 락 처
  가. 문화재청
  ○ 문화재청 문화재보존국 고도보존육성과 : 전화 042-481-3107 / 팩스 042-481-3109
  ○ 문화재청 문화재보존국 유형문화재과 : 전화 042-481-4918 / 팩스 (042) 481-4939
   - 주소 : (우 35208) 대전광역시 서구 청사로 189 정부대전청사 1동
   - 홈페이지 : http://www.cha.go.kr

  나. 지방자치단체
  ○ 전북도청 문화유산과
   - 전화 (063) 280-3147 / 팩스 (063) 280-2539
   - 주소 (우 54968) 전북 전주시 완산구 효자로 225
  ○ 익산시 문화재과
   - 전화 (063) 859-5791 / 팩스 (063) 859-5791
   - 주소 (우 54622) 전북 익산시 인북로 32길 1

붙임 : 역사문화환경 보존지역 내 건축행위 등에 관한 허용기준

3. 사적 제150호 익산 미륵사지

구 분	허용기준	
	평지붕	경사지붕(10:3 이상)
제1구역	○ 개별 심의	
제2구역	○ 개별 심의	○ 임야(지목상 임)는 개별 심의 ○ 건축물 최고높이 12m 이하 - 농가주택 및 농가 창고에 한함
제3구역	○ 건축물 최고높이 17m 이하	○ 건축물 최고높이 21m 이하
제4구역	○ 익산시 도시계획조례 등 관련 법률에 따라 처리	
제5구역	○ 고도 보존 및 육성에 관한 특별법에 따름(특별보존지구)	
제6구역	○ 고도 보존 및 육성에 관한 특별법에 따름(보존육성지구)	
공통사항	○ 기존 건축물은 기존 범위 내에서 개·재축을 허용함 ○ 건축물 최고높이는 옥탑, 계단탑, 승강기탑, 망루, 장식탑 등 기타 이와 유사한 것을 포함 ○ 경사지붕은 경사비율이 10:3 이상으로 양쪽 경사이면서 비경사면적이 전체면적의 8분의 1이하인 경우에 한함 ○ 태양광, 위험물 저장 및 처리시설, 자원순환 관련 시설(고물상, 폐기물 처분시설), 동물 및 식물관련시설(축사, 도축장, 도계장) 등 이와 유사한 시설은 개별 심의함 ○ 지하 50m 이상 굴착행위는 개별심의함 ○ 높이 3m 이상의 절·성토를 수반하거나, 높이 3m 이상의 법면, 석축, 옹벽이 발생하는 경우는 개별 심의함(지하층의 절토는 제외, 지반선의 높이 산정 기준은 건축법에 따름) ○ 도로, 교량 등 이와 유사한 시설물의 신설 및 확장은 개별 심의함 ○ 매장문화재 유존지역은 「매장문화재 보호 및 조사에 관한 법률」에 따라 처리함. ○ 허용기준의 고시 이후 역사문화환경 보존지역 내 도시계획 변경 시 문화재청장과 사전 협의함	

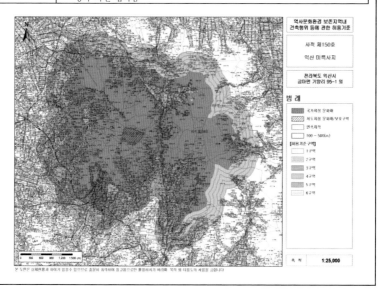

[별첨 2] 미륵사지의 세계 문화유산 지정 구역도

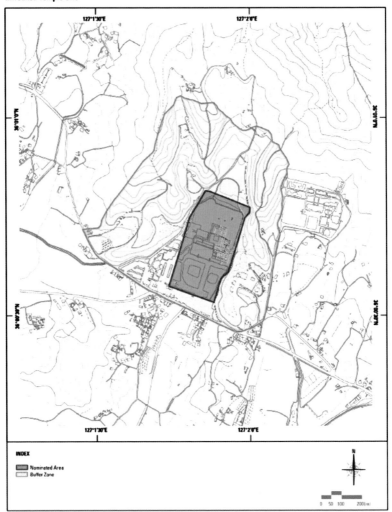

Mireuksa Temple Site

Map 8. Map Showing the Nominated Area and Buffer Zone of Mireuksa Temple Site

글을 마치면서

백제 무왕의 대(代)를 잇는 대통령은 누구인가

미륵사와 황룡사는 삼국시대의 2대 사찰로 쌍벽을 이루고 있었다. 그러다 보니 그 복원의 필요성을 인식하면서도 계속 미루어졌다. 안타깝다. 이번에 윤석열 대통령이 대선공약(大選公約)으로 제시하여 역사적으로 새로운 시대가 열리게 되었다. 왜 이런 공약이 나왔는가? 2019년 미륵사 탑(塔)의 복원은 미륵사(彌勒寺)의 복원의 시작이지 끝이 아니라는 국민적 공감대가 형성되어 있기 때문이다. 미륵사를 중장기적으로 20년(총 소요 예산 추정 1조 원)에 걸쳐서 실물(實物)로 복원하되, 윤석열 대통령 재임 기간 중 1단계(2023~2027 2천억 원 소요)가 완성되어 대통령이 1단계 준공식을 갖기를 기원한다. 필자는 이곳이 세계적인 관광명소가 될 것으로 확신한다. 하루에 관광객이 평일에는 1,000명 이상, 주말에는 3,000명 이상이 오기를 기대한다. 연간 백만 명, 수많은 일자리 창출, 대박이다. 백제 무왕이 부활하여 기뻐할 것이다.

미륵사 탑은 지방 전북 익산의 운명(運命)이다. 1,300년 이상 익산의 수호신(守護神)이었고 앞으로도 변함없을 것이다. 이 탑을 더 이상 홀로 외롭게

해서는 안된다. 문화재 보호를 내세워서 이런 단점을 방조하거나 그 시정을 지연시켜서는 안 된다. 어쩌면 문화재위원들, 그들만의 미륵사지였던 것을 이제 국민들 모두에게 돌려주어야 한다. 그동안 미륵사지 복원에는 어려움이 많았고, 이는 지방의 쇠퇴를 막는데 아무런 도움을 주지 못 했다.

지방의 공동화(空洞化)를 막는 길은 지방 관광, 문화산업을 획기적으로 육성하는 것이다. 미륵사지가 제대로 복원되고 다시 태어나서 미륵사지 주변 마을에 화실, 목공소, 레스토랑, 기념품 가게, 카페, 제과점, 도서관, 펜션 등 숙박시설이 무수히 들어서서 일자리가 창출되고 전원주택 마을이 들어서서 젊은이들이 찾아오는 문화, 예술이 있는 '살고 싶은 마을'이 형성되기를 기원한다. 필자는 '백제 서동/선화마을'에만 인구가 3만 명이 되고 5만 명까지 늘어나는 '소도시(小都市)'가 형성될 것을 확신하고 있다. 이번에야말로 미륵사지의 복원이 실효성 있게 시작되고 그 찬란한 백제의 문화를 우리 국민에게, 세계인에게 선보일 때이다. 윤석열 정부에 거는 기대가 크다.

하지만 익산 시민, 전북 도민 일부(一部)라도 반대하면 이 사업은 추진이 불가능하다. 넘어야 산(睾)이 너무도 많다. 대선 공약사업으로 확실하게 추진하겠다는 대통령 의지의 재확인, 기획재정부 등 중앙부처의 예산지원, 문화재청 및 문화재위원회의 허가 등이 뒷받침 되어야 한다. 이런 마당에 전북 도민조차 동의하지 않는 사업을 중앙정부가 인정해주겠는가? 모든 일은 때가 있다고 한다. 다시 오기 어려운 이 기회를 놓치는 역사의 우(愚)를 범하지 말자. 현재 필자가 할 수 있는 것은 이 책을 출판하여 익산 사회를 비롯한 전북 사회에 '새로운(New) 미륵사 복원사업'을 제안하는 것이다.

이를 소화하고 여론을 모아 정책화하는 것은 전북도지사, 익산 시장의 몫이다. 이제 어찌할 것인가.

조상이 남겨준 유적만을 이용만 하겠다는 이기심을 넘어서 미륵사지 원형을 철저히 보존하면서 세계인이 극찬할 백제 최고의 숲 정원을 복원해야한다. 일본인들도 해낸, 소름 끼칠만한 정원의 진수를 우리도 보여주자. 미륵사의 정기를 받고 자란 후손들의 무거운 책무를 절감한다. 백제 무왕의 화려한 부활을 고대한다. 필자의 손주들 P, E, A, I와 미륵사지 정원과 산책로를 걸으면서 백제의 시간을 만끽하는 필자를 상상해 본다. 손주들에게 미륵사지를 지키고 가꾸라고 유지(遺志)를 남길 것이다. 4대 조부모, 조부모, 부모가 묻혀 있는 미륵산의 아래에 있는 미륵사지에 필자의 영혼을 묻고 싶다.